京华通览

长城文化带

主编／段柄仁

居庸关

刘珊珊／编著

北京出版集团公司
北京出版社

图书在版编目（CIP）数据

居庸关 / 刘珊珊编著 . — 北京 ：北京出版社，2018.12
（京华通览 / 段柄仁主编）
ISBN 978-7-200-13867-2

Ⅰ．①居… Ⅱ．①刘… Ⅲ．①长城—关隘—介绍—昌平区 Ⅳ．① K928.77

中国版本图书馆 CIP 数据核字（2018）第 017244 号

国家自然科学基金资助项目：整合视野下的明长城关隘型军事聚落研究
项目批准号：51608346

出版人　曲　仲
策　划　安东　于虹
项目统筹　董拯民　孙菁
责任编辑　白　珍
封面设计　田　晗
版式设计　云伊若水
责任印制　燕雨萌

"京华通览"丛书在出版过程中，使用了部分出版物及网站的图片资料，在此谨向有关资料的提供者致以衷心的感谢。因部分图片的作者难以联系，敬请本丛书所用图片的版权所有者与北京出版集团公司联系。

京华通览
居庸关
JUYONGGUAN
刘珊珊　编著

＊

北京出版集团公司
北京出版社　出版

（北京北三环中路 6 号）
邮政编码：100120

网　址：www.bph.com.cn
北京出版集团公司总发行
新　华　书　店　经　销
天津画中画印刷有限公司印刷

＊

880 毫米 ×1230 毫米　32 开本　8.625 印张　188 千字
2018 年 12 月第 1 版　2024 年 3 月第 4 次印刷
ISBN 978-7-200-13867-2
定价：45.00 元

如有印装质量问题，由本社负责调换
质量监督电话：010-58572393

《京华通览》编纂委员会

主　任　段柄仁
副主任　陈　玲　曲　仲
成　员　(按姓氏笔画排序)
　　　　于　虹　王来水　安　东　运子微
　　　　杨良志　张恒彬　周　浩　侯宏兴
主　编　段柄仁
副主编　谭烈飞

《京华通览》编辑部

主　任　安　东
副主任　于　虹　董拯民
成　员　(按姓氏笔画排序)
　　　　王　岩　白　珍　孙　菁　李更鑫
　　　　潘惠楼

序

PREFACE

擦亮北京"金名片"

段柄仁

北京是中华民族的一张"金名片"。"金"在何处?可以用四句话描述:历史悠久、山河壮美、文化璀璨、地位独特。

展开一点说,这个区域在 70 万年前就有远古人类生存聚集,是一处人类发祥之地。据考古发掘,在房山区周口店一带,出土远古居民的头盖骨,被定名为"北京人"。这个区域也是人类都市文明发育较早,影响广泛深远之地。据历史记载,早在 3000 年前,就形成了燕、蓟两个方国之都,之后又多次作为诸侯国都、割据势力之都;元代作为全国政治中心，修筑了雄伟壮丽、举世瞩目的元大都；明代以此为基础进行了改造重建，形成了今天北京城的大格局；清代仍以此为首都。北京作为大都会，其文明引领全国，影响世界，被国外专家称为"世界奇观""在地球表面上，人类最伟大的个体工程"。

北京人文的久远历史，生生不息的发展，与其山河壮美、宜生宜长的自然环境紧密相连。她坐落在华北大平原北缘，"左环沧海，右拥太行，南襟河济，北枕居庸""龙蟠虎踞，形势雄伟，南控江淮，北连朔漠"。是我国三大地理单元——华北大平原、东北大平原、内蒙古高原的交会之处，是南北通衢的纽带，东西连接的龙头，东北亚环渤海地区的中心。这块得天独厚的地域，不仅极具区位优势，而且环境宜人，气候温和，四季分明。在高山峻岭之下，有广阔的丘陵、缓坡和平川沃土，永定河、潮白河、拒马河、温榆河和蓟运河五大水系纵横交错，如血脉遍布大地，使其顺理成章地成为人类祖居、中华帝都、中华人民共和国首都。

这块风水宝地和久远的人文历史，催生并积聚了令人垂羡的灿烂文化。文物古迹星罗棋布，不少是人类文明的顶尖之作，已有1000余项被确定为文物保护单位。周口店遗址、明清皇宫、八达岭长城、天坛、颐和园、明清帝王陵和大运河被列入世界文化遗产名录，60余项被列为全国重点文物保护单位，220余项被列为市级文物保护单位，40片历史文化街区，加上环绕城市核心区的大运河文化带、长城文化带、西山永定河文化带和诸多的历史建筑、名镇名村、非物质文化遗产，以及数万种留存至今的历史典籍、志鉴档册、文物文化资料，《红楼梦》、"京剧"等文学艺术明珠，早已成为传承历史文明、启迪人们智慧、滋养人们心灵的瑰宝。

中华人民共和国成立后，北京发生了深刻的变化。作为国家首都的独特地位，使这座古老的城市，成为全国现代化建设的领头雁。新的《北京城市总体规划（2016年—2035年）》的制定和中共中央、国务院的批复，确定了北京是全国政治中心、文化中心、国际交往中心、科技创新中心的性质和建设国际一流的和谐宜居之都的目标，大大增加了这张"金名片"的含金量。

伴随国际局势的深刻变化，世界经济重心已逐步向亚太地区转移，而亚太地区发展最快的是东北亚环渤海的京津冀地区，而北京正是这个地区的核心，建设以北京为核心的世界级城市群，已被列入实现"两个一百年"奋斗目标、中国梦的国家战略。这就又把北京推向了中国特色社会主义新时代谱写现代化新征程壮丽篇章的引领示范地位，也预示了这片热土必将更加辉煌的前景。

北京这张"金名片"，如何精心保护，细心擦拭，全面展示其风貌，尽力挖掘其能量，使之永续发展，永放光彩并更加明亮？这是摆在北京人面前的一项历史性使命，一项应自觉承担且不可替代的职责，需要做整体性、多方面的努力。但保护、擦拭、展示、挖掘的前提是对它的全面认识，只有认识，才会珍惜，才能热爱，才可能尽心尽力、尽职尽责，创造性完成这项释能放光的事业。而解决认识问题，必须做大量的基础文化建设和知识普及工作。近些年北京市有关部门在这方面做了大量工作，先后出版了《北京通史》（10卷本）、《北京百科全书》（20卷本），各类志书近900种，以及多种年鉴、专著和资料汇编，等等，为擦亮北京这张"金名片"做了可贵的基础性贡献。但是这些著述，大多是服务于专业单位、党政领导部门和教学科研人员。如何使其承载的知识进一步普及化、大众化，出版面向更大范围的群众的读物，是当前急需弥补的弱项。为此我们启动了"京华通览"系列丛书的编写，采取简约、通俗、方便阅读的方法，从有关北京历史文化的大量书籍资料中，特别是卷帙浩繁的地方志书中，精选当前广大群众需要的知识，尽可能满足北京人以及关注北京的国内外朋友进一步了解北京的历史与现状、性质与功能、特点与亮点的需求，以达到"知北京、爱北京，合力共建美好北京"的目的。

这套丛书的内容紧紧围绕北京是全国的政治、文化、国际交往和科技创新四个中心，涵盖北京的自然环境、经济、政治、文化、社会等各方面的知识，但重点是北京的深厚灿烂的文化。突出安排了"历史文化名城""西山永定河文化带""大运河文化带""长城文化带"四个系列内容。资料大部分是取自新编北京志并进行压缩、修订、补充、改编。也有从已出版的北京历史文化读物中优选改编和针对一些重要内容弥补缺失而专门组织的创作。作品的作者大多是在北京志书编纂中捉刀实干的骨干人物和在北京史志领域著述颇丰的知名专家。尹钧科、谭烈飞、吴文涛、张宝章、郗志群、姚安、马建农、王之鸿等，都有作品奉献。从这个意义上说，这套丛书中，不少作品也可称"大家小书"。

总之，擦亮北京"金名片"，就是使蕴藏于文明古都丰富多彩的优秀历史文化活起来，使充满时代精神和首都特色的社会主义创新文化强起来，进一步展现其真善美，释放其精气神，提高其含金量。

2017 年 11 月

目录

CONTENTS

概　述 / 1

千年古关　悠悠历史

居庸关建关背景 / 4
    北京自然地理特征 / 4
    关沟军事地理格局 / 9

居庸关历史沿革 / 14
    因势设塞——居庸塞（春秋至西汉）/ 14
    建关设城——居庸关（东汉至西晋）/ 15
    废关复塞——蠮螉塞（五胡十六国）/ 18
    两关并置——居庸和军都（北魏至唐代）/ 20
    多关统称——广义居庸关（唐代至元代）/ 24
    防区扩大——居庸关防区（明代）/ 28

居庸关长城修建 / 29

  按时间顺序 / 29

  按区域划分 / 40

层级防御　体系为先

居庸关军事管理体系 / 55

  都司卫所制下层次体系 / 55

  九边总兵镇守制下层次体系 / 60

居庸关整体防御体系 / 69

  居庸关防御体系演进轨迹 / 69

  居庸关军事防御职能系统 / 75

明居庸关防御体系构建层次 / 88

  居庸关与相邻各镇防御体系构建 / 90

  与相邻各关防御体系构建 / 98

  居庸关军事防御的层级性 / 111

建堡筑隘　聚落为盾

聚落修建历程 / 115

  第一阶段（洪武至宣德　1368—1435年）/ 116

  第二阶段（正统至嘉靖　1436—1566年）/ 121

  第三阶段（隆庆至万历元年　1567—1573年）/ 125

  史上关于居庸关的一些争辩 / 128

聚落地理分布 / 130

  东路隘口 / 132

  中路隘口 / 134

北路隘口 / 135

西路隘口 / 136

南路隘口 / 141

时空分布规律 / 142

时间上呈阶段性 / 143

分布的不均衡性 / 144

空间的非均质性 / 145

镇路卫堡　雄关如铁

镇　城 / 149

居庸关城 / 149

路　城 / 158

横岭城 / 159

镇边城 / 162

卫所城 / 166

白羊城 / 166

八达岭城 / 169

长峪城 / 175

堡　城 / 178

上关城 / 178

南口城 / 179

岔道城 / 182

灰岭城 / 186

榆林驿堡 / 188

土木驿堡 / 189

关　隘 / 192

各级城池特点 / 193

关城内外　古迹轶事

古迹与自然 / 198

宗教建筑 / 198

书院建筑 / 207

官署建筑 / 209

仓储建筑 / 210

礼制建筑 / 211

自然景观 / 212

居庸关轶事 / 214

北魏伐后燕之战 / 214

成吉思汗夜走黑松林 / 214

明成祖五次北征出居庸关 / 215

居庸关史籍记载 / 217

文人墨客　诗冠居庸

文人墨客　诗冠居庸 / 226

参考书目 / 256

后　记 / 261

概　述

　　居庸关，自古"天下第一雄关"，现今世界文化遗产，国家级文物保护单位。历史上，居庸关作为长城沿线上的重要关隘，其重要的战略地位不可比拟，尤其是明代以来，更为守卫京师的西北门户，而今它作为历史的瑰宝，负载着极为丰富的历史人文内涵，给我们留下了独特的长城文化遗迹和苍凉厚重的现实画卷。

　　历史的长河滚滚向前，居庸关的形成与演变已经历了漫长的过程，前后二千多年时间里共经历了六个阶段，从因势设塞伊始，到建关设城，再废关城复设塞，一直发展到后来两关并置，甚至军都陉内所有关口全部统称为居庸关，最终，居庸关的内涵及防御范围从军都陉继续扩展到整个居庸关防区。处于明代巅峰时期的居庸关，已然超越了居庸关城本身甚至超越了居庸关沟的5道防线，而通过居庸关防区来进行区域整体布防。

　　因此，居庸关有狭义与广义之别。狭义的居庸关，即是指居庸关城，也包括历代所提及的居庸关、军都关、纳款关等等，它都是指一个关口或是一座关口，我们可将其抽象为一个点。而广义的居庸关，宋国熹在《居庸关考》一文中解释为："是指由北口（八达岭）至下口（南口）的整个四十里关沟而言的。那么，凡关沟内的所有'关'，皆可称之谓'居庸关'了。而'军都关''下口''纳款关'或'上关''北口'等，都是居庸关的组成部分，这便是本文中所提及的居庸关防区的概念。

历史的辉煌，反衬现如今众多关隘型聚落的苍凉现实，让人不禁感慨。我们必须做点什么，才能不让它继续衰败下去，才能让这些重要的文化遗产得以保护，才能让后人还能看到些许遗迹。通过实地调研发现，目前除居庸关、八达岭、长峪城、岔道城等通过以旅游开发手段得到保护之外，防区内如镇边城、横岭城、白羊城等古代有重要战略地位的防御性聚落以及数目众多的长城关隘，并未得到有效保护，而是处于极度衰落的状态。其衰落的原因主要是在明代以后，以防御职能为主的长城关隘型聚落的军事价值消失殆尽，逐渐演变为以生活职能为主、军事防御职能为辅。随着经济发展、社会变革以及人们生产生活方式的改变，深山中的人民出行不便、饮水困难、生存难以维系，长城关隘型聚落衰落趋势已成定局，其所携带大量浓厚历史人文信息也将随之荡然无存，有鉴于此，抢救式发现与保护这一不可再生文化遗产势在必行。

长城这座稀世珍宝，艺术非凡的文物古迹，它象征着中华民族坚不可摧永存于世的意志和力量。希望它不仅在历史上的长河里绵延万里，还会一如既往地绵延万世……

千年古关　悠悠历史

居庸关对于成就北京城重要的军事战略地位功不可没。居庸关所处地理位置冲要，是军事战略要地，它位于北京西北崇山峻岭之间，太行山脉西山与燕山山脉军都山分界的峡谷地段，即太行八陉之一的最北之第八陉。这条狭长的峡谷，因居庸关而称为"关沟"。军都陉自古便是京西北咽喉要道，而居庸关控关沟之中枢。居庸关扼守北京西北大门，可谓一夫当关，万夫莫开，所以这样的险关必然是兵家必争之地。

居庸关建关背景

北京自然地理特征

居庸关是著名的关隘,其军事地理位置之所以如此重要,与其所处的自然地理背景是分不开的。首先,北京军事战略地位优越,《读史方舆纪要》说北京是"视中原,居高负险,有建瓴之势"。其次,居庸乃京师西北天然屏障,有居庸可"南控江淮,北连朔漠"。居庸关之于北京的重要地位,从历代文人的赞誉中可见一斑,如明代金幼孜在《皇都大一统赋》对北京地势盛赞有加:"北京实当天下之中,且沃壤千里,水有九河沧溟之雄,山有太行居庸之固……维此北京,太祖所属。天造地设,灵钟秀毓。总交汇于阴阳,尽灌输于海陆。南临钜野,东瞰沧溟。西有太行之巇嶪,北有居庸之峥嵘。"清人吴长元《宸垣识略》也对北京赞誉道:"左环沧海,右拥太行,北枕居庸,南襟河济,形势甲于天下。"《天府广记》中描述:"幽燕自昔称雄,左环沧海,右拥太行,南襟河济,北枕居庸……真定以北至永平,关口不下百十,而居庸、紫荆、山海、喜峰、古北、黄花镇险厄尤著。会通漕运便利,天津又通海运,诚万古帝王之都。"

京西北地形地势特征

中国古代对于都城的选择都是经过各种条件的优化组合，其中对于自然地理条件的考量最为重要。择都一般选择地势较高，有山可恃，有险可守，距河流湖泊较近的地区。居高临下、万方来朝之势、有险可恃意味形势险要，必要时进可攻，退可守。近湖泊则不仅有丰富的水源，同时还兼有交通与渔盐之利。

北京的地理位置即兼具以上各种条件。它位于华北平原北端，向西北方向延伸到北京小平原上，其西部、北部和东北部是山地，山地以北与怀来盆地、宣大盆地相接连，再北则为内蒙古高原，中部、南部和东南部是平原，地势西北高东南低。环山围抱使中间形成一个小平原，其东北与松辽平原毗邻，东南面对渤海，形势上是一个半封闭的海湾，故素有"北京湾"之称。意欲从北方进入北京，唯有通过群山峻岭中为数众多的峡谷关隘才可以。这其中又尤以紫荆关、居庸关、古北口、松亭关、山海关最为重要。由于其地位险要，是古代兵家必争之地。在冷兵器时代，地理因素对于战争态势至关重要。当把战马作为主要机动作战力量，以迂回、穿插、长途奔袭作为主要作战手段的游牧民族，消除了狭谷深涧、崇山峻岭等困扰着他们行军作战的不利因素，而突然杀出一路重甲骑兵，那些对自己有利的作战特点，在战争中马上就可以得到最大程度的体现。

北京西部山脉总称为西山，意为位于北京西部的山地，为太行山麓北段的一部分。西山"内接太行，外属诸边，磅礴数千里，林麓苍莽，溪涧镂错"，被称为北京右臂。西山并非特指某一座山,而是由一系列大致平行的山脉组成。西山的地势基本上是南西——北东方向依次下降的走势,它包括四列山脉,其中最北一列为东灵山——黄草梁——笔架山。东灵山海拔2303米,位于北京、河北交界处,是北京市辖区内最高的山峰,其东北的黄草梁海拔1732米,再往东之笔架山海拔1448米,一直抵关沟北口的八达岭。

北京北部的山脉统称军都山,属燕山山脉,正所谓"燕山如长蛇,千里限夷汉。首衔西山麓,尾挂东海岸"。军都山基本可归为两列近东西走向的山脉,地势由西南往东北呈阶梯状增高之势。其中南面一列是八达岭——燕羽山——凤驼梁——黑坨山——云蒙山。主要山峰海拔均在1000米以上。八达岭1015米,地势最低,往北为燕羽山,海拔1180米,凤驼梁海拔1530米,黑坨山海拔1534米,云蒙山海拔1414米。

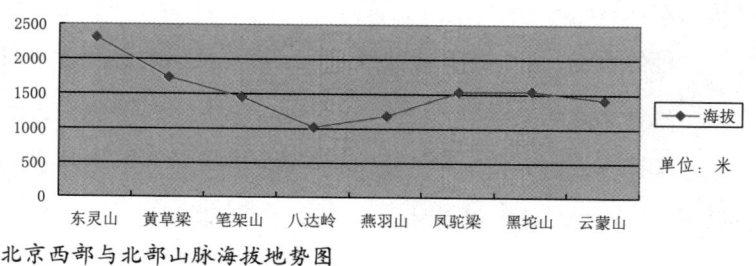

北京西部与北部山脉海拔地势图

通过罗列西山与军都山脉的主要山峰,我们发现两山均分别往它们的交界处,即关沟八达岭一带渐次降低,八达岭所处山脉海拔最低。同时两山首尾相接、高低起伏、层峦叠嶂,成为北京西面、北面的天然屏障。但是在关沟,西山和军都山相接之处,由于地壳运动,形成断裂带,也就是古代"天下九塞""太行八陉"中的居庸塞或是居庸陉。

北京西北的长城走向,是由东北边的山海关向西伸展,经喜峰口、古北口到西北边的居庸关。从居庸关起长城分内外两道。外长城北走内蒙古,到独石口,再折向西南,向西入山西北境;内长城沿战国时代燕、赵长城遗址,向西南延伸,沿河北和山西的边境南下,经过紫荆关、倒马关、龙泉阴,到井陉关和娘子关。

交通要道之分布形势

城市自形成伊始,就是以外部联系为决定性作用的居民点。城市不是孤立的、与外界隔绝的,更不是一个自给自足的生活聚落,而是一个个在不同宽广的空间结构体系中或大或小的焦点。其结构体系的每一部位都存在着密切且有机的物质与非物质联系。比如,城市生活所必需的生产资料来源于四面八方,城中所进行的政治、经济、文化等种种社会活动,同样也需要以一个相当宽广的地域为服务对象。所以,城市的存在离不开对外联系,城市周围的交通体系是城市对外联系的物质体现,它是实现联系的基础,也是衡量联系程度的尺度。一个城市交通道路分布形式,具有对城市选址更为直接的影响。无论是城市的起源还是发展,势必要与交通形式有着直接的关系。北京地区是联结中原与东北平原、内蒙古高原的枢纽和桥梁,逐渐形成了反映并维系这一空间关系的交通体系。

侯仁之先生曾对古代北京周围的大道进行如下推测:古代中原地区的先民要到北方来,只能沿着太行山东麓一线的高地前行,于是便形成太行山东麓之南北大道。当人们沿此道北上，来到永定河畔时，首先要在永定河古渡口处渡过永定河。然后道路开始分岔，一条奔向西北，出南口，通过居庸关孔道，可径直进入内蒙古草原，这条大道可称为居庸关大道。一条奔向东北，通过古北口，穿越平缓的山地丘陵地带，通向松辽平原，这条大道可称为古北口大道。还有一条向正东去，通过山海关或喜峰口，横越小平原，沿燕山南麓直趋海滨，这条大道可称为山海关大道。相反，当东北及内蒙古草原的人要进入中原时，也是先通过居庸关大道、古北口大道或山海关大道，由山后进入山前的平原，到永定河渡口，过了河，再沿太行山东麓大道南下中原。

古代北京的这四条大道使得北京"内跨中原，外联朔漠"，通达而又扼要的地理形势，使其在军事上具有重要的意义。占有北京，既可以通过扼守居庸关、古北口等冲要关隘，凭借燕山、太行之自然天险，抵御西北、北部方向的进攻，也可以出关北上主动进攻敌人；同时可以北京为战略基地，迅速南下，攻入中原大地。正因如此，北京重要的军事战略地位，使得北方的各少数民族南下时，首要目标便是夺取北京，进而突破中原天险。

侯先生所说的路经南口的西北一路，即居庸陉。永乐八年（1410年）二月初十，朱棣第一次亲征漠北，率50万大军出北京德胜门，全军过居庸关后，经怀来、宣府（今河北宣化）、宣平（今河北怀安东）等，于二十五日到达兴和，走的便是这条大道。由此可见，居庸陉自古至今就是内蒙古高原通往华北平原最近、最直接的道路。

燕山地带为农牧分界

北京地处农业区与游牧区的交界地带，碣石——燕山——龙门一线，自古以来，一直被当作中国农牧的分界线。最早的记载可见西汉司马迁的《史记·货殖列传》。故北京西北的燕山有相对优越的自然条件，以燕山为界，"渝关、居庸，可道饷馈。松亭、金陂、古北口，止通人马，不可行车。山之南，五谷百果，良材美木无所不有；出关未数里，则地皆瘠卤矣"。燕山南面的山区适宜放牧，再往南则是地势平坦、土地肥沃的平原，并且有永定河、温榆河等河水流经，灌溉便利，是很好的农业区。

元朝灭亡后，朱元璋对漠北的残元势力持慎重态度，不轻易派遣重兵深入，而是采取在北部边境布置重兵，屯田防守，养精蓄锐，伺机扩展的方针。朱棣也很重视边防地区的务农事宜，认为防御夷狄袭扰最有效的方法，就是慎重防备，认真守边，搞好屯田。他还提出"严关防，守要害，修封城，明斥堠，务农讲武，养威蓄锐""申严守备，更务屯田，使兵坚边实"等一系列措施。很显然，北京的西北近边一带的自然地理环境，为更好地屯田与守边创造了优越条件。

关沟军事地理格局

几近京师，控扼南北

居庸关所处地理位置冲要，是军事战略要地。北京周边有居庸关、黄花城、慕田峪关、古北口、紫荆关、喜峰口等众多的重要军事关隘,其中居庸关距京师最近,约46公里。古人有很多诗句赞誉居庸关享有控扼南北之势。明代许天锡《居庸关》言:"天设居庸险,乾坤此北门。山川通上郡,形势冠中原。"金幼孜也说居庸关"焉知造化奇,设此限南北"。

居庸关位于北京西北崇山峻岭之间,太行山脉西山与燕山山脉军都山分界的峡谷地段,即太行八陉之一的最北之第八陉。这条狭长的峡谷,因居庸关而名为"关沟"。关沟乃自南口越八达岭通往晋陕北部和内蒙古高原的天然孔道,北连宣怀延盆地,南接华北平原,想到京师腹地,这里是最近、最易走的通路。从抵御北方入侵之敌、防卫京师的角度看,敌人若要从正面攻击京师,居庸关乃必由之路。但古人意图快速穿越太行山也绝非易事。因此,军都陉自古便是京西北咽喉要道,而居庸关控关沟之中枢。

太行山始于河南济源和山西交界处,沿今山西、河北两省界逶迤北上,盘踞在华北平原与山西黄土高原之间,在北京西北隅,与东西走向的燕山山脉衔接。太行山脉东陡西缓,平均海拔在千米之上,宛若天然屏障,将中原大地从中隔裂,清代著名地理学家顾祖禹称之为"天下之脊"。太行山受地壳板块强烈挤压,形成褶皱与断裂,出现形势险要的八条峡谷通道,即著名的"太行八陉"。陉者,"连山中断者也",通俗而言,就是高山与平原间狭小险峻的通道。太行八陉是太行山脉的八条自然通道,由南向北依次为轵关陉、太行陉、白陉、滏口陉、井陉、飞狐陉、蒲阴陉、军都陉。其成为中原大陆与西北内陆、内蒙古草原间进行经贸、文化交流的重要通道,也成为古代战争的必争之地。明人蒋一葵在其《长安客话》的居庸关一节中写道:"按《图经》,太行山南起山西泽州,迤逦北出数百里,山脉不断,自麓至脊,皆陡峻不可登越。独有八处,粗通微径,名之曰陉。居庸关是最北之第八陉也。"军都陉由于地处太行山脉最北端,尽管山高路险,极难通行,古人仍将其视为自南口越居庸关、八达岭通往晋陕北部以及内蒙古高原的首选天然孔道。

崇墉峻壁,地势险要

作为首选通道的军都陉,同时又被大自然赋予至绝、至险的地理形势。对于居庸关的山川地貌、地形地势,古人有许多精辟的描述。《淮南子》曰"居庸岩险闻于古今,两山夹峙,一水旁流,其隘如线,其侧如倾,艰折万状,车马难行";《水经注》载"绝谷累石,崇墉峻壁,山岫层深,侧道褊狭"。明巡关御史王士翘在《西关志》中描述为:"南环凤阙,北枕龙沙,东连军都之雄,西界桑干之浚。其隘如线,其侧如倾,升若扪参,降若趋井。翠屏吐秀,金柜吞奇,跨四十里之横岗,据八达岭之要害。诚天造地设之险,内夏外夷之防云。"古代文人墨客描写居庸关山河险要的诗句更是屡见不鲜,如唐朝诗人高适的"绝坡水连下,群峰云其高",元诗人陈孚的"断崖万仞如削铁,鸟飞不度苔石裂",元户部侍郎李瓒阅历居庸后,有作"居庸自古号雄关,今日经临眼界宽,万仞巉岩看不尽,千寻峭壁画应难……"明代赵羾的"蜀道之难不为难,险莫险于居庸关。出关入关仅百里,千回万转羊角盘"。

对于居庸关的险要程度,"绝险""天险""奇险"之名不绝于耳。至今在八达岭的山崖上还留有"天险"二字。《方舆纪要》

中描述关沟之险为:"关门南北相距四十里,两山夹峙,下有巨涧,悬崖峭壁,称为绝险。"元朝黄溍《居庸关》言"万古争一门,天险不可薄",明代李贽言"重门天险设居庸,百二山河势转雄"。清代乾隆皇帝称"居庸天险列峰连,万里金汤固九边"。另外还有"居庸壮绝险""北游奇险见居庸"等诗句,这些诗都是从居庸关地势的险要突出其战略地位。关城的建设正是巧妙地利用两侧雄险的山峰作为天然屏障,"据险制塞",具有极强的军事防御功能。

天造地设,兵家必争

居庸关"切近京师,天险莫比",其天造地设的绝险地理形势及其交通要道的作用,造就了它异常重要的军事战略地位,自古就是兵家必争之地。关沟北口即八达岭,向北为延庆盆地和官厅河谷地带,甫过南口之处即向京师洞开之所,峡谷间自南口至北口仅22.5公里。因此,关沟不仅为从西北入京的唯一孔道,并且还是西北山脉最低处,同时亦是最薄之处,堪称北京西北军事屏障的最薄弱环节,占领此地,便等于扼守住连接北京与西北地区的咽喉孔道,使北犯之敌不得南进;一旦失守,来敌则可长驱直下。

居庸关作为军事重镇,在中国历史上,曾有无数英雄名将在此建功立业,亦有由于居庸关的失守而被迫改朝换代。如金灭辽之战役,"宋宣和四年(1122年),金人谋取燕京,辽人以劲兵守居庸,金兵至关,崖石自崩,戍卒多压死,遂溃,金人度关而南,入燕京"。金兵就是在夺取了居庸关之后,即入燕京灭掉辽。

有趣的是,金人从居庸关夺取了政权,同样又是在居庸关,被蒙古人夺走,而且蒙古军在成吉思汗率领下,两次夺取居庸关。第一次为南宋嘉定四年(1211年),蒙古军陷德兴府(今河北涿鹿),金居庸关守将遁走,遂入关,抵北京。第二次为南宋嘉定六年(1213年):"帝进至怀来,及金行省完颜纲、元帅高琪战,败之,追至北口。金兵保居庸,诏可忒、薄刹守之。遂趋涿鹿,金西京留守忽沙虎遁去。帝出紫荆关,败金师于五回岭,拔涿、易二州,契丹讹鲁不儿等献北口,遮别遂取居庸,与可忒、薄刹会。"这就是元人所谓"劲卒捣居庸,北扼其背,大军出紫荆,南扼其吭"的著名战役。

金朝李英曾上书术虎高琪说:"中都之有居庸,犹秦之崤函,蜀之剑门也。"这成为后人强调居庸关重要性的经典言论,亦由此更可见居庸关战略地位之重要。宋朝富弼曾言:"河北一路为天下根本,燕蓟之地,有松亭关、古北口、居庸关,比中原险要,所恃以隔绝匈奴者也。"明成祖朱棣深谙居庸之险要,他在谋划北攻怀来之时,对居庸关志在必得:"居庸关路隘而险,北平之襟喉,百人守之,万夫莫窥,据此可无北顾之忧。今俞瑱据之,势在必取,譬如家之后户,岂容他人据之。"

居庸关历史沿革

因势设塞——居庸塞（春秋至西汉）

这一阶段的居庸关，是作为边防之要"塞"而存在的历史阶段。春秋时期，各国边境已经建有关、塞等设施，但平时并不驻兵防守，有战事时才驻兵。战国以后，各国都在边境和交通要道上利用山水之险建设关塞亭障，驻兵把守。"备边境，充要塞，谨关梁，塞蹊径"，成为各国的防御要务。"战国七雄"的关塞重要者有40多处，燕国的令疵塞（今河北迁安西）和居庸塞位列其中。

春秋时居庸隶属的燕国，北部与东胡接壤，战争连年不断，燕国便利用居庸险要的山川地势设立"居庸塞"来控扼山口，以此作为军事攻防上的据点，并筑内外长城。燕庄公二十八年（前663年），燕国在齐国相助下，开始伐山戎之战，那时的居庸塞应当已经是燕国北方要塞。

战国时，有关居庸塞的文献记载才出现，比其设立的时间稍晚些。秦庄襄王三年（前247年），由吕不韦主持编撰的《吕氏春秋·有始览·有始》篇中才初见居庸："天有九野。地有九州，土有九山，山有九塞……何谓九塞？大汾、冥厄、荆阮、方城、殽、井陉、令疵、句注、居庸。"

西汉建元元年（前140年），淮南王刘安撰写的《淮南子·坠形训》篇也记载有："天地之间，九州八极，土有九山，山有九塞……何谓九塞？曰太汾、渑阨、荆阮、方城、殽阪、井陉、令疵、句注、居庸。"书中所列九塞与《吕氏春秋》中稍有不同，但居庸也为其一，可见到此时，居庸关仍被作为国防之要塞。

建关设城——居庸关（东汉至西晋）

居庸关始设关城应源于东汉，西晋以后因在少数民族统治下，居庸关没有必要设防，遂被废弃。这一阶段，文献中多见居庸关，并在关口修建城池。

汉在秦长城线八达岭附近建了一个很大的关口。因位于居庸县内，故名居庸关。城外关垣在八达岭以北三里多山西拨子的地方，关门向西，两边是高大的土筑边墙，因关门朝向西方，也被称作西关。内关垣在八达岭南绝险的峡口之中，由石头垒筑，易守难攻。关垣外面东侧为居庸关之候台，高三层，皆为石筑，用以瞭望敌情。关内外及长城沿线皆屯驻军队。

1972年在内蒙古自治区和林格尔县新店子乡小板申村，考古工作者发现了一座东汉古墓，经过考古发掘，发现了大量壁画，其中即有"居庸关"的壁画。内容为更始元年（23年）十月，上谷太守耿况迎使者于居庸界上，这也证实在东汉时居庸县界上确有居庸关。壁画上画有一关，关形似桥，跨于水上。关下还画有

内蒙古博物馆中展览的和林格尔墓壁画《过居庸关图》

划船弄水的人物,车马队伍通行其上,关下书有"居庸关"三字。壁画说明东汉时的居庸关,是北方少数民族地区与中原地区交往的重要通道。

另外,从文献记载耿况迎使者这一历史事件中,我们也可得知那时已建有居庸关。《后汉书·寇恂传》中曰:"王莽败,更始立,使使者徇郡国,曰'先降者复爵位'。恂从耿况迎使者放界上。"此卷虽并未涉及居庸关,但《水经注》在论及此事时曰:"耿况迎之于居庸关。"杨守敬在《水经注疏》此条下按语云:"《后汉书·寇恂传》:更始使者徇诸国,恂从耿况迎于界上,亦不言居庸关,此(指《水经注》所言)盖本它家《后汉书》。"这说明杨守敬也认同《水经注》中明确指出迎使者之地为居庸关。《后汉书·寇恂传》中虽未提居庸关,却在《后汉书·光武帝纪》中写到居庸关:建武十五年(39年)"二月,徙雁门、代郡、上谷三郡民,置常山关(倒马关)、居庸关以东"。又见《后汉书·孝安帝纪》:建光元年(121年)"鲜卑寇居庸关,九月,云中太守成严击之,战殁"。《资治通鉴·卷五十》对此役也有记载,而且还载有3年前鲜卑就已寇居庸关的事实:孝安帝元初五年(118年)"冬,十月,鲜卑寇上谷,攻居庸关,复发缘边诸郡黎阳营兵、积射士步骑二万人屯列冲要"。以上文献足以证明东汉初年已有居庸关之事实。

其实,比《后汉书》早300多年的《汉书·地理志》中,早已明确说明居庸县下有关,此书可谓最早记载居庸"关"的史书。不仅如此,关于"军都"的最早史料也是该书。《汉书·地理志》上谷郡居庸县下注"有关",对军都只表示其是上谷郡之一县,并未指明军都县有关,足证那时居庸峡谷只有一个关即居庸关:"上谷郡,秦置。县十五:军都,湿余水东至路,南入沽。居庸,有关。"可以看到,这时居庸县和军都县同属于上谷郡,汉代时是把整条军都陉置于上谷郡的管辖之下。到《后汉书·郡国志》时,军都、居庸的归属问题才发生改变,上谷郡已由之前辖15县减为8县,居庸仍为其一;而军都县,则从上谷郡改为广阳郡5县之一。

此外,还可从一些文献看出在居庸关建关设域,屯驻兵马,如元代马端临《文献通考·兵考》云:"于是北胡有变,则置度辽营(明帝时);南蛮或叛,则置象林兵(和帝时);羌犯王辅,则置长安、雍二尉(安帝时);鲜卑寇居庸,则置渔阳营(安帝时,公元94—125年在位)……置屯多矣。"即是指东汉明帝时设度辽营,安帝时置长安尉、雍尉、渔阳营等,针对不同的边防对象,增设将屯兵①,且将屯兵由西汉的临时性设置逐渐变为边境上的长期屯兵,也就是都变成了边郡"屯列坐食之兵"。《三国志·魏书》中也提到居庸有城:汉献帝初平四年(193年),"虞惧瓒为变,遂举兵袭瓒。虞为瓒所败,出奔居庸。瓒攻拔居庸……虞众大溃,奔居庸城"。

《水经注》引《续汉书》曰:"尚书卢植隐上谷军都山是也。其水南流出关,谓之下口,水流潜伏十许里也。"说明至西晋年间,军都山上仍建有关。郦道元在《水经注》里称"石室三层,其户牖扇扉,悉石也,盖故关之候台矣",既为"故关",说明北魏时此关已废,只存关之候台,作为接待过往官员之场所。

废关复塞——蠮螉塞(五胡十六国)

这一阶段的特点有二。首先是称谓上的变化,记载这段历史的文献中都不见居庸关之名,取而代之为"蠮螉塞";其次是军事战略地位的变化,此时的蠮螉塞因受少数民族统治,军事斗争很少发生,仅有4次战役,显然其军事战略地位的作用已无足轻重,也无设防必要。

《方舆纪要》说:"蠮螉(yē wēng)即居庸音转耳。""蠮螉"是一种细腰蜂的昆虫,是说"居庸陉"之狭,就像细腰蜂一样。"蠮螉塞"在《事物异名分类词典》中的解释为:"居庸关的别名。

---

①将屯兵:即由中央派将率领,屯驻于边郡的防御作战部队。

关上筑土室以候望,如蠛蠓之掇土为房,故名。"《中外地名大辞典》则曰:"东晋慕容皝自龙城取西道入蠛蠓塞。胡三省云:'塞当在龙城西。按即今居庸关。'"

关于这段时间居庸为何无"关"的原因,有两点可能。其一是政治因素。宋国玺等学者认为五胡十六国时,北方主要由少数民族统治,因此在居庸关设防已没有必要。其二是地理因素的影响。晋惠帝元康四年(294年)"八月,上谷地震,水出,杀百余人。居庸地裂,广三十六丈,长八十四丈,水出,大饥"。可以看出这一次的地震,规模不小,破坏力颇大,致使居庸关城遭到破坏,是极有可能的。

《晋书·慕容皝》载:东晋咸康六年(340年),慕容皝欲图后赵石季龙,"于是率骑二万出蠛蠓塞,长驱至于蓟城,进渡武遂津,入于高阳,所过焚烧积聚,掠徙幽、冀三万余户"。《资治通鉴》载:东晋永和六年(350),前燕慕容儁伐后赵,使"慕容霸将兵二万自东道出徒河,慕舆于自西道出蠛蠓塞,儁自中道出卢龙塞",陷幽州,因而都之。又载:东晋太元十年(385)慕容垂"遣慕容农出蠛蠓塞,历凡城,趋龙城"。以及北魏道武帝拓跋珪皇始元年(396)伐后燕慕容宝,"别遣将国封真等,从东道出军都,袭燕幽州"。文献中记载的慕容氏和拓跋氏在居庸陉的几次军事行动,都是"长驱直入",毫无阻拦,可说明当时已无"关"。

两关并置——居庸和军都（北魏至唐代）

这一阶段的特点是居庸关与军都关两关并置。关于两关，从历史文人到如今的学术界一直有颇多争议，如军都与居庸两县到底是各自有关还是只有居庸关，在某个历史阶段居庸关到底指哪个地方，等等。但不管争论如何，有一点可以明确，即此时居庸关肯定已不止一个。

北魏后期文献记载中，开始同时出现居庸关和军都关两关并置的现象。三国魏人苏林为《汉书·地理志》作过注，明言"居庸有关，而军都则无，盖北魏时曾分置两关耳"。

梁武帝普通六年（525年），"八月，魏柔玄镇民杜洛周聚众反于上谷，改元真王，攻没郡县……洛周围魏燕州刺史博陵崔秉，九月，丙辰，魏以幽州刺史常景兼尚书为行台，与幽州都督元谭讨之。自卢龙塞（今河北喜峰口）至军都关，皆置兵守险，谭屯居庸关"。杜洛周兵变于上谷，在居庸县发动了反魏起义，元魏幽州行台常景敕都督元谭西至军都关，北从卢龙塞，据此二险，以阻断杜洛周出入之路，并由都督元谭据居庸关。"俄而安州石离、冗城、斛盐三戍兵反，结洛周，有众二万余落，自松岍赴贼。谭敕别将崔仲哲等，截军都关以待之，仲哲战殁，洛周又自外应之，腹背受敌，谭遂大败"。后来，又有二万余众戍兵联合杜洛周起义，元谭敕令别将崔仲哲等，在军都关拦截。事件中，元谭据居庸关，而崔仲哲被派往军都关，显然，居庸与军都两处都设有关口。《资治通鉴》中明确写元谭据守的是居庸关，可是在《魏书·常景传》

中却是写"都督元谭据居庸下口"。且不论到底是居庸关还是居庸下口，军都和居庸两处并置关口却是毋庸置疑的。

从以上文献，我们可以得出两点结论：①北魏之时，居庸关、军都关已分置为两关。元人胡三省在为《资治通鉴》作注时如是说："考之汉志，上谷郡有军都、居庸两县，盖各有关。凡此屯守，皆以防杜落周。水经注，居庸关在上谷沮阳城东南六十里，军都关在居庸山南。"这里，胡三省考《汉书·地理志》云"上谷郡有军都、居庸两县"，这是确有其事的，但"盖各有关"，与苏林注《汉书·地理志》有分歧，的确有失偏颇，有张冠李戴之嫌。事实是，汉志中记载居庸有关，未提军都有关，"盖各有关"其实是北魏之后的事情。胡氏又接着写"凡此屯守，皆以防杜落周"，杜洛周起义发生在525年，此时才确实是居庸、军都皆有关。《日下旧闻考》遵从胡氏《通鉴注》说："汉志有军都居庸两县，盖县各有关。"也是犯了将时间与地理错位对应的错误。②虽然北魏后期又并置居庸、军都两关，但是因为军都陉在五胡十六国少数民族统治下，久未设防，魏军在此仓促应变的防御措施，还是一触即溃。魏书中记载"上谷郡，居庸（县）孝昌中（525—527年）陷，天平中（534—537年）置"。说明杜洛周起义失败后，居庸县在这次战役中失陷，可见当时的居庸陉在军事上的作用退化。

另外，除了在文献传记中可见居庸、军都两关并置之外，还在各种正史等地理志文献中再次印证。如北魏郦道元《水经注》

中"湿余水"篇载:"关在沮阳城①东南六十里居庸界,故关名矣。更始使者入上谷,耿况迎之于居庸关,即是关也。其水导源关山,南流,历故关下。溪之东岸,有石室三层,其户牖扇扉,悉石也,盖故关之候台矣。南则绝谷,累石为关垣,崇墉峻壁,非轻工可举。山岫层深,侧道褊狭,林鄣邃险,路才容轨。晓禽暮兽,寒鸣相和,羁官游子,聆之者莫不伤思矣。其水历山南,径军都县界,又谓之军都关。"这里郦道元明言居庸关是一座故关,有用石头建起的候台,有用石头累起的高大的关垣,在居庸县界;山南为军都县界,有一关隘"又谓之军都关"。《水经注》虽不是正史,但其作用也不容忽视,甚至"可以用来纠正和补充'正史'的错误和不足"。②

唐太宗主持修撰的《晋书·地理志上》载:"燕国汉置,孝昭改为广阳郡。统县十……昌平(县),军都有关。"而又载:"上谷郡秦置,郡在谷之上头,故因名焉。统县二,……沮阳(县)、居庸(县)。"此时居庸县与军都县分属两郡,军都县隶属广阳郡下,而上谷郡的居庸县仍存,但关的存在与否因未明确提出,所以不

---

①沮阳城:在今河北省怀来县东南。
②《水经注》对于研究秦汉史和历史沿革地理也有很大帮助。秦汉时期离郦道元生活的时代尚不远,秦汉时期的书籍在当时还比较丰富,道元书中多有采用,特别是关于地方区划的沿革情况,在所谓"正史"中多有疏漏,《水经注》可以用来纠正和补充"正史"的错误和不足。——引自郦道元与《水经注》,北京大学历史学系网站,http://www.hist.pku.edu.cn/data/Article_Print.asp?ArticleID=728。

能确定。

《旧唐书》:"则天时,侍御史桓延范受诏于河北断塞居庸、岳岭、五回等路,以备突厥。"唐朝中叶高适有《使青夷军入居庸三首》,这两处只题"居庸",而不说"居庸关",可见此时有居庸塞而无居庸关。

《新唐书·地理志》中,在"幽州"条记有"昌平县北十五里有军都陉;西北三十五里有纳款关,即居庸故关,亦谓之军都关",这里的居庸故关不是今之居庸关,而是今居庸关北八里的上关。而在"妫州妫川郡"条记有:"怀戎县东南五十里有居庸塞,东连卢龙、碣石,西属太行、常山,实天下之险;有铁门关。"当时的怀戎县在今官厅水库淹没区的旧怀来城,东南 50 里在石峡、八达岭、青龙桥一线,即今八达岭长城一线。《新唐书》中所说纳款关就是居庸故关,也称为军都关,而不远的居庸塞也有铁门关。故作者认为这说明在唐代时,居庸陉内确实仍存在两关并置,但是称谓上有所混淆。

关于两关并置,从《新唐书》中看出军都关与居庸塞当时是分而置之,职能上各有分工的,这一点从各自的名称也可得知。居庸塞在外,归妫州怀戎县管辖,据天下之险,具有防止少数民族入侵的军事职能。军都关在内,也叫纳款关,所谓"纳款关",是北齐在边塞互市,于居庸陉设关收税,故名。《昌平山水记》引《通典》:"古居庸关在昌平县西,齐改为纳款。"唐称之蓟门关,后复称居庸关。纳款关归幽州昌平县管辖,其主要职能是招待少数民族贡使。险塞在外,而贸易关口在内的设置,也昭显居庸关的双重属性，即有战事它可据险防守，而和平年代它是民族间经济贸易交往的必由之路。

对于称谓混淆这一点，学界内基本持一致观点，都认为自唐代伊始，军都关与居庸关混为一谈。如成大林先生在其《居庸关杂考》一文中指出"将居庸关和军都关称为一关，始自于唐。各朝之著作仍多沿用《新唐书》说法，致使今人以为自古至今军都关即为居庸关"。清人顾炎武著《昌平山水记》时，从《新唐书》之说，认为"居庸关"即"军都关"。宋国熹也持相同观点："唐太宗主持修撰的《晋书·地理志》把居庸关附在'涿郡军都县'之后，混淆由此开始……在《新唐书·地理志》中，就写成'昌平北十五里有军都陉，西北三十五里有纳款关，即居庸故关，也谓之军都关'，'居庸关'和'军都关'从此混为一谈。"而关于军都关之称，据成大林先生查诸史籍，最早见于东汉末期的高诱，在为《淮南子·地形篇》天下九塞句作注时谓："居庸在上谷沮阳之东，通浑都关是也。"其所称浑都关，成先生认为即以后所称之军都关。此外，北齐魏收的《魏书·地形志》也云："军都前汉属上谷，后汉属广阳，晋属。有观石山、军都关、昌平城。"

多关统称——广义居庸关（唐代至元代）

自唐代居庸关和军都关称谓混淆伊始，历史上认为或称居庸关，或称军都关，名虽然如故，但其内涵却更广了，所管辖范围也由具体某点扩大至整个居庸陉。即广义上讲"居庸关"，是从南口至八达岭整个居庸陉内的所有"关",如"居庸关""军都关""居庸下口""纳款关"或"上关"等,都是居庸关的组成部分,都可称为居庸关。其内涵既指关沟内某一具体关城,也泛指居庸关沟。如《元史·仁宗纪》称"居庸关古道四十有三里",这个长度即整个关沟。又见《析津志辑佚》"居庸关"条说"居庸在直都城之北,中断而为关,南北三十里",郝经的《居庸行》说"铁穴六十里",元贡奎的《居庸关》说"居庸关高五十里",周伯琦说"关南关北四十里",都指整个关沟。许多诗人的吟咏,也以整个关沟为对象。《太平广记》说:"军都山,又叫居庸山,在军都县西北十里。"可见辽宋时期连山脉都已统一称谓。

安史之乱后,唐朝非比从前,国力大衰,幽州亦被军阀控制,他们勾结契丹等少数民族,南下争雄。而原本向唐朝纳贡的民族,亦勿用经过纳款关,纳款关遂改称为居庸关。居庸陉为幽州到山西的通路,而居庸关的作用是稽查从幽州到山西的行旅货物。《资治通鉴》载:会昌元年(841年),张仲武讨幽州,遣军吏吴仲舒入京师奏状,宰相李德裕问:"万一不克,如何?"对曰:"幽州粮食皆在妫州及北边七镇,万一未能入,则据居庸关,绝其粮道,幽州自困矣!"《新唐书》又说,唐武宗灭佛,"五台僧多奔幽州,张仲武封二刀付居庸关曰:'有游僧入境则斩之。'"

辽代,居庸关一带在契丹统治下,没有发生大的战争,居庸关的职责也变为检查行旅,征收关税。《辽史·食货志》云:"圣宗乾亨间,燕京留守司言:民艰食,请弛居庸关税。"那时,游牧民族长期从事征伐,务农极少,致使民间粮食不足,为方便从中原收购粮食运至漠北,燕京留守司建议免除居庸关关税,减轻商民往山西运送粮食的关税负担,才可使物流通畅,以达到"以通山西籴易"的目的。辽代,居庸关成为关内外经济往来的交汇地,与统治者"民富则兵足,兵足则国强"的认识,并积极采取奖励垦荒的政策分不开。《辽史·圣宗纪》:"诏燕乐、密云二县荒地许民耕种,免赋税十年。"关内沿边各地也皆置屯田戍兵,以供军饷。

清钱良择的《塞外纪略》载胡峤①(《陷虏记》)记:"自居庸西北入石门关,关路狭隘,一夫可以当百,乃中国控扼契丹之险。或以为此即石门关。元人以此为居庸北口,筑城设戍焉。"金世宗即位时,契丹人发动叛乱,他派军队防御古北口和石门关。从五代到金300余年,石门关一直是居庸陉的一道重要关口。《中国古今地名大词典》说石门关在八达岭,即居庸北口。它还引用路振《乘轺录》:辽"每欲南牧,皆集于幽州,有四路:一曰榆关路,二曰松亭路,三曰虎(古)北口路,四曰石门关路。……皆古控扼奚、虏要害之地也。"但《昌平县地名志》说上关又名石门关。

《读史方舆纪要·直隶》记载:辽末,"宋宣和四年(1122年),金人谋取燕京,辽人以劲兵守居庸,金兵至关,崖石自崩,戍卒

---

① 胡峤,原为邠阳县令,后晋契丹诸部之长萧翰从中原北归时,胡峤为翰掌书记,随入契丹。翰被杀,峤无所依,居契丹七年。五代后周广顺三年(953年)逃回中原,述其所见。

多压死,遂溃,金人度关而南,入燕京"。金贞元元年(1153年),金朝迁都中都以后,居庸关的地位大大提高了,它由一个征收关税的普通关隘,变成了守卫京师的北大门。女真语名齐喇哈蕃,齐喇为严之意,哈蕃为关之意。

元睿宗拖雷于窝阔台汗二年(1230年)在潜邸时,"尝于居庸关立南北口屯军,缴巡盗贼,各设千户所"。当时由"枢密院调兵六百守居庸关南北口"。这里南口即下口,北口即八达岭,居庸关的管辖范围已明确扩大到整个居庸陉。

元至元十六年(1279年),中国一统于元,元世祖定都大都。居庸陉成了皇帝往返上都(原都和林)、大都(今北京)间的必经孔道,也成为他们途中的驻跸之地。元末僧人梵琦有诗曰:"上都避暑频往来,飞鸟犹能识衮龙。"这一时期,政治上的相对安定,使居庸关的军事地位日趋下降;相反,居庸关作为行宫,其建筑、经济文化却得到了空前发展,居庸陉也逐渐形成村落,并建有过街塔、寺庙、宫室建筑等。

元至大四年(1311年),元仁宗将设在南北口的两千户所改为隆镇万户府。第二年,皇庆元年(1312年)改为隆镇卫亲军都指挥使司,辖区东到山海关,西至山西应县,南到易县,北至缙山,居庸陉的军事地位就更为重要了。

借用熊会贞在《水经注疏》按语中对这一变化过程的综述,也可大致了解居庸关在历史中的演变过程:"《通鉴》胡注云《汉志》有'军都''居庸'两县,各有关,然郦氏言居庸关在居庸界,又谓之'军都关'。《新唐志》以为军都关即居庸关。顾氏《昌平山水记》从之。而《寰宇记》亦云：军都山又名居庸山，在昌平县西北十里。盖古因山置关，南北相距数十里，在居庸界曰'居庸关'，在军都界曰'军都关'。分之则二，合之则一。故居庸关亦可曰'军都关'，居庸山亦可曰'军都山'也。"

防区扩大——居庸关防区（明代）

明灭元后，元统治者蒙古贵族逃回旧地，但依然伺机反攻，不断南侵。明初就建立起东起鸭绿江，西抵嘉峪关的万里长城。在200多年的历史中，始终未停止对长城的修筑以及加强长城沿线的防务。居庸关在这期间也得以极大发展，其军事地位在历史长河中亦处于顶峰。相对于元朝居庸关经济文化大发展的辉煌，明朝的居庸关不仅如此，其军事防御更是达到鼎盛，居庸关的防守范围更是扩展到前所未有。明《西关志》中详细记载其疆域："东至西水峪口与黄花镇界九十里；西至坚子峪口紫荆关界一百二十里；南至榆河驿宛平县界六十里，北至土木驿新保安界一百二十里。"

居庸关发展的巅峰阶段即明代，此阶段整个防区内的军事防御体系的发展，历时长，转变多。到了清代，康熙帝认为人心所向比长城更为坚固，其治国思想为："守国之道，惟在修得民心，民心悦则邦本固，而边境自固，所谓'众志成城'者是也。""昔秦兴土石之工，修筑长城。我朝施恩于喀尔喀（漠北蒙古），使之防备朔方（沙俄），较长城更为坚固。"他还明确说明不修筑长城:"本朝不设边防,以蒙古部落为屏藩耳。"清统治者的边防思想及对长城的态度,使长城的军事作用逐渐退化,居庸关也不例外,渐渐演变为自然村落。

居庸关长城修建

按时间顺序

居庸关长城所处的军都山为一陡然而起的断块山地,自古为华北平原与内蒙古高原之间的天然屏障。它一共经历了三个朝代的较大规模修建。南北朝时期,北魏为了巩固其边防,于太平真君七年(446年)开始筑畿上塞围,并向西延伸到山西境内。北齐于天保六年(555年)又修筑下口至恒州的长城,北周时又加固此段长城。终明一代,在军都山修筑有南北两道长城,又称内外长城。清代,虽未再修筑长城,但对长城重要地段继续维修并加以利用,同时长城沿线的一些军事聚落堡寨仍驻将领、军卒,守卫着长城的主要关口,在长城沿线一些重要地点亦驻有军队,如清代居庸关,初设参将防守,后改为都司。

北魏

《魏书·世祖纪》上记载:北魏太武帝拓跋焘太平真君七年

（446年）"六月丙戌，发司、幽、定、冀四州十万人，筑畿上塞围。起上谷，西至于河，广袤皆千里"。"九年二月，罢塞围作"。对于北魏修筑的"畿上塞围"之东端"上谷"的确切地理位置，学界有不同的认知。王国良在《中国长城沿革考》中认为"上谷"在今山西省广灵县西，而华夏子等一些学者则认为"上谷"在今北京市居庸关。那么，"上谷"到底在哪里，决定了在居庸关附近修筑长城到底是始于北魏还是始于北齐。

我们首先从内涵入手，对"畿上塞围"的字面意思进行分解。"畿"是指国都的郊区，《说文解字》中对畿作了明确的定义："畿，天子千里。地以远近言之，则言畿也。"而"塞"，一般是指边界险要之地，如关隘、要塞。"塞围"，王国良说塞围并非长城，它就好像是两汉的"障塞""城障"……明代的"边墙"，其特点是低、薄、易就，其作用是修筑它可以弥补长城之不足。其实，无论城墙坚固高大、难以攻破，还是低薄易就；无论是"方城""长堑""城堑"，还是"塞垣"，现今，我们统统称为长城，长城的意义内涵扩大了。顾名思义，"畿上塞围"即拱卫京畿地区的长城。北魏的畿上塞围实际上是为了保卫国都平城（今山西大同）而建的军防工程。

王国良《中国长城沿革考》如是写："上谷郡，北魏属东燕州，今在山西广灵县西。"他认为北魏都城平城，东北迫近边塞，所以要建筑塞垣以防御。而塞围东起上谷，沿今山西、河北两省边界，北到今山西省天镇县附近，折而向西，围绕平城，直达黄河东岸。

华夏子在其专著《明长城考实》中认为，这道被称为"畿

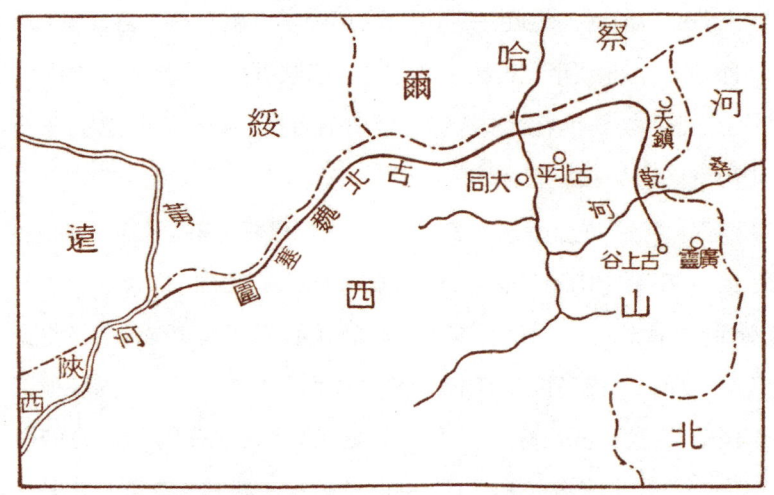

北魏"畿上塞围"图（局部）

上塞围"的长城，起于今北京市居庸关，其西端则是没有争议的山西省境内的黄河畔。景爱的《中国长城史》写道："畿上塞围"之东端应在延庆县八达岭一带，由此向西南走向，经昌平区西部山区，进入门头沟区西部，经黄草梁韭菜山（海拔1915米）、东灵山（海拔2303米）出北京市境，进入河北省涿鹿县南部，经小五台山（海拔2882米），进入蔚县南部。然后出境进入山西省灵丘县，经太白山（海拔2234米）、繁峙县五台山（海拔3058米），进入代县、宁武县，经管涔山（海拔2473米）、芦芽山（海拔2771米），进入五寨县、岢岚县，最后止于保德县黄河岸边。"畿上塞围"所经过的地方，几乎全是崇山峻岭，长城亦是利用这些山险来建筑。

王恢在《中国历史地理》长城部分"畿上塞围篇"里，也提到上谷在今居庸关附近，并引用著名历史学家黄麟书的论著和《元和郡县图志》来说明。黄麟书说"上谷，赤城所在；河，即五原之河"。虽说上谷是赤城所在，但赤城已经出山西界，属于河北境内。《元和郡县图志》载：云州"云中县，本汉平城县"。后魏道武帝于此建都。《读史方舆纪要》载："魏道武都平城，东至上谷军都关，西至河，南至中山隘门塞（今山西省灵丘县东南隘门山，《水经注》：'水自县南流入峡，谓之隘门，设隘于峡，以讥禁行旅。'），北至五原（今内蒙古乌拉特前旗东，包头市西），地方千里，以为甸服。"这里的"甸服"，也称为"郊甸"，是指京畿之外的地区，方域很宽广。那么北魏的京畿范围包括哪里呢？《魏书·食货志》里有一段叙述，云："天兴初，制定京邑，东至代郡（今河北省蔚县暖泉镇西），西及善无（今山西省右玉县南古城村），南极阴馆（今山西省朔县东南夏官村），北尽参合（今山西省阳高县东北），为畿内之田。其外四方四维置八部帅以监之。劝课农耕，量校收入，以为殿最。"

既然北魏时京畿、郊甸都已延伸至今河北、北京境内，我们是否能断定，《魏书》中所言上谷，确是今北京居庸关。据此可以断定，居庸关第一次与长城相连应是北魏太平真君七年（446年），居庸关为北魏"畿上塞围"的东端起点。

北齐

北齐天保六年（555年）"发夫一百八十万人筑长城，自幽州北夏口至恒州九百余里"。《纲鉴易知录》注："夏口即下口，居庸关下口，在今北京市昌平区居庸关上。《资治通鉴注》："幽

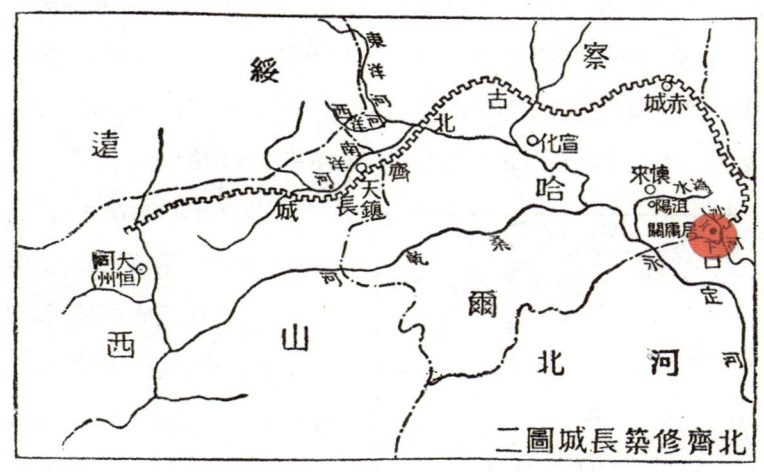

北齐修筑长城图（局部）

州夏口，即居庸下口也：幽州军都县西北，有居庸关。湿余水出上谷沮阳县之东南，流出关，谓之下口；'夏'当作'下'。"恒州，今为山西省大同县，《读史方舆纪要》"大同府"条载："后魏道武帝自云中徙都此，初为代尹治，迁洛后，为恒州治；高齐废恒州，置恒安镇，寻复为恒州。"

天保元年（550年），北齐建国，都城为邺城（位于今河北省邯郸），统治今河北、河南、山西、山东等地。为防御北部突厥、柔然、契丹及西面西魏（北周）的威胁，北齐在西、北方向大修长城。北齐北部长城主要为文宣帝高洋所筑。从天保三年（552年）至天保八年（557年），较大规模地修长城有5次。其中天保5年（554年），文宣帝亲自到北部边陲地区勘察地形。次年，即派众人修筑了夏口到恒州的长城。关于其整体走向，王国良的《中国长城沿革考》有详细记载:"从今山西离石县西北黄栌岭起(北齐西汾),北到朔县西废武州界之社平戍,折而向东,斜经大同西北之总秦戍,再向东行,入河北省界,至赤城,转而向南,至居庸关东,又转向东,而达渤海北岸山海关,纵横三千余里的大长城。"

天保八年(557年),北齐于长城以内增筑重城,"自库洛拔(今山西省朔县西南)而东至于坞纥戍(今山西省繁峙县平型关东北),凡四百余里"。此为北齐所筑重城之西段,而东段则为天统元年(565年)从坞纥戍到居庸关东重城尽处。据北史卷五十四列传第四十二"羡以虏屡犯边塞,自库堆戍(三堆戍)东拒于海(山海关),二千余里,其间凡有险要,或斩山筑城,断谷起障,并置立戍逻五十余所。"这次修筑,从坞纥戍重城尽处,择险置戍、斩山筑城、断谷起障,直趋时察哈尔与河北交界,蜿蜒东北,到居庸关东

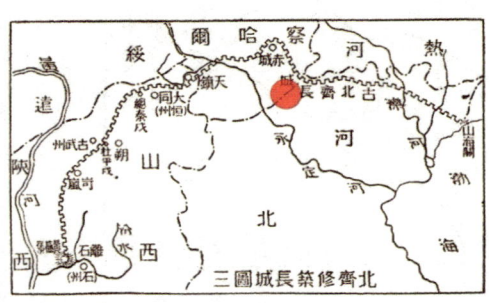

北齐557年长城

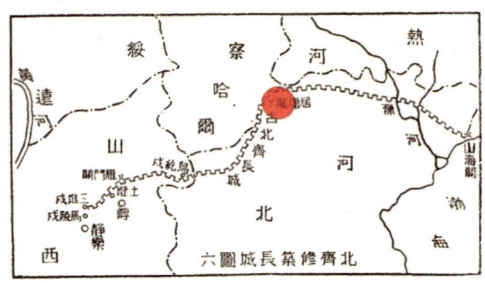

北齐565年长城

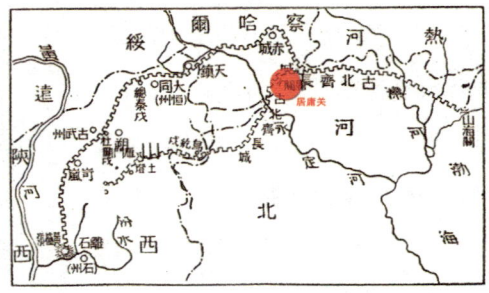

北齐长城和重城两道长城

与外城相接，再东，沿旧城而达山海关，长达两千余里。在有旧城的地方加以修葺，而自坞纥戍东到居庸关一段没有旧城的地方，则增筑新城，并沿途置戍，以资守御。

北齐时，在北部地区修筑了长城和重城两道长城，并且两道长城并非完全各自独立，而是在某一范围内，它们之间存在交集，如其东段即在居庸关东汇聚于一点。长城由河北赤城转而向东南到达居庸关，而重城则从河北紫荆关向东北直达居庸关，两道长城自此合二为一，一直向东蜿蜒至山海关。

明朝

明朝在灭掉元朝以后，原来的统治者蒙古贵族逃回旧地，仍然不断南下骚扰、掠夺。后来在东北又有女真兴起，为了防御蒙古、女真等游牧民族贵族的扰掠，明朝廷十分重视北方的防务。明长城的修筑始于洪武元年（1368年），北京地区的明长城基本是沿北齐长城旧址而修建的。明朝推翻元朝统治之后，朱元璋即派大将徐达修筑长城，首先修筑的是居庸关、古北口、喜峰口一带的长城防线，并封朱棣为燕王驻守北京。洪武十四年（1381年）修筑山海关等处长城。洪武、永乐两朝，完成山海关到晋北的长城修筑，当时国力正盛，尚无大规模修筑边墙的需要。正统以后，边患渐殷，修筑边墙渐成重务。正德年间修建宣府、大同一带烽堠，隆庆初年，谭纶、戚继光修筑山海关至居庸关一线长城，这时，今天之所见东起山海关西至嘉峪关的万里长城，全部修筑完成。万历年间，为防御女真族，辽东边墙先"编木为垣"又"易以版筑"，至此，明长城才基本完成。

而居庸关长城的修建，在洪武元年修筑之后，在弘治、嘉靖、万历年间又多次修葺或增修。

弘治十一年（1498年），洪钟主持修筑自山海关，经古北口，抵居庸关的长城500余公里。今天我们所见之八达岭长城，是弘治十七年（1504年），大理寺右少卿吴一贯担任经略边务大臣时始修筑的，它沿崇山峻岭的峰脊修筑，如长龙伏踞在万山之上。这以前历代的八达岭长城，均不在如今的八达岭，而是在八达岭以北三里多的西拨子附近。当年针对鞑靼小王子寇宣府，明朝只屯兵喜峰口、燕河营来加以防御。吴一贯即规划创建八达岭城，并于次年修筑完成。八达岭城上跨东西两山，下当两山之冲，除建成一座周长达94.5丈（约315米）的四方形瓮城之外，还修建了长城680丈（2267米），城高二丈五尺（约8.3米），厚二丈（约6.7米），南北城楼城门二座，敌楼二座，城铺二间，护城墩二座，东山平胡墩和西山御戎墩各一座。八达岭城建好后，成为隆庆卫紧要外口，并命守备一员带53名驻兵防守。

正德十年（1515年），鞑靼从宣化东北大白杨侵入，到达八达岭，皇帝接受兵部尚书王琼之上疏，以都督刘晖、参将桂勇、贾鑑等，屯兵戍守增筑八达岭长城，"跨东山至川草花顶上，以峻山为限，迤东接横岭口（此处应为灰岭口），复接黄花路驴儿驼界；西接石峡峪，至镇边路白羊城软枣顶，沿边汛防兵长一百三十一里二分，设楼台九十座"。

嘉靖二十九年（1550年），俺答部骑兵突破古北口，直逼北京城下，即所谓"庚戌之变"。此严峻情势促使明朝廷多次调派人力、物力及财力，紧急加强长城的修建，并将各处单独关隘连为一体。于是，嘉靖三十年（1551年），"兵部议调班军三万赴蓟州修边"，并且"上乃令总都督御史何栋等相度关隘，亟为修筑"。据《四镇三关志》记载，昌镇嘉靖三十年（1551年）修建的边城、墙台如下："居庸路，隘口一十八。居庸关，灰岭下，边城二十六里，附墙台七座，八达岭下，边城二十四里半，附墙台四座，石峡峪下，边城一十六里，附墙台十座；黄花镇下，边墙五十五里半，附墙台二座；横岭路，白羊口下，边城一十一里，附墙台三座"。长峪城、横岭城、镇边城下边城于嘉靖三十四年（1555年）议准修建，"居庸里口，如横岭、镇边、大石岭、唐儿庵等处，或原无边墙，或有墙不固者，皆令修筑防守"。其中"长峪城边城一十五里，附墙台一座，横岭城边城三十一里，附墙台三座，镇边城边城二十一里，附墙台五座"。此三城边墙与白羊城边墙，又于嘉靖四十四年（1565年）维修。

隆庆二年（1568年），宰相张居正推荐抗倭名将谭纶、戚继光进京主持北方防备。谭纶任兵部侍郎兼右佥都御史，总督蓟、辽、真保军务，而戚继光总理蓟、昌平、真保三镇练兵事务。谭纶、戚继光看到蓟昌两镇的边墙过于单薄，且不能有效御敌，遂精心筹划，亲自督修，一改过去低矮实心离墙敌台的做法，创建了长城之上既可庇护军士免受风吹雨淋又可贮藏军火器具以备急需的骑墙空心敌台、敌楼。正如谭纶上《定庙谟以图安攘疏》谓："蓟州昔为内边，自大宁既徙，三卫寝弱，门庭之固，与虏共一墙耳！""边既广延，虏恒突入无制，一切摆边谬习，迄无固志，则增筑台堡，更相应援，先自固之道。"又如其在《请建空心台疏》所奏："议照御戎之策，惟在战守二端。故必以战则必胜，以守则必固。除战胜之事别有成议外，臣等谨以蓟昌之守言之。东起山海关，西止镇边城，地方绵亘，摆守单薄，故臣等以谓必设二面受敌之险，将塞垣稍为加厚，二面皆设垛口……"戚继光也在巡行塞上后，议建敌台"蓟镇边垣，延袤二千里，一瑕则百坚皆瑕。比来岁修岁圮，徒劳无益。请跨墙为台，睥睨四达。台高五丈，虚中为三层，台宿百人，铠仗糗粮具备。令戍卒画地受工，先建千二百座。……"于是，增修石门寨、山海关到镇边城、挂枝庵一线长达近千公里的长城，修成了城墙高峙、墩台林立、烽火台相望的一道更加坚固的军事防线。

居庸关南关外烽火台

此外，谭、戚二人还对建设敌台进行了详细合理的规划设计，如在开阔的地方100步，冲要的地方50步或30步就要建敌楼；敌楼的大小与高度、容纳的人数也都有详细的数目，"高可一倍，高三尺，四方共广一十二丈，上可容五十人"。空心敌台的作用分平时和战时，平时无敌情时，敌台权当住宿的场所，边兵也可随时观望是否有入寇；遇有警敌人来攻袭时，则守边墙的守附边墙，守敌台的巩固敌台。敌台位置的选择也颇有讲究，根据山之形势，参错委曲，原则为敌台尽量选择凸出城墙之外的地方，因为凸出的敌台便于攻打敌人，也给敌人以威慑，使敌不敢靠近；而城墙则要收于敌台的转折或者弯曲的地方，因为这种非直线之处便于闪躲隐藏，以退步而守，"所谓以守则无不固也"。他们不仅使蓟镇成为长城最雄伟的一镇，更是把我国长城建筑艺术发展到了最高峰。

隆庆帝采纳其建议，从隆庆三年（1569年）动工兴建，直到万历九年（1581年）三月，完成蓟昌二镇边墙的修筑，增修加固山海关至居庸关一线1000余公里的长城，修筑墩台1000多座。其中八达岭一带的长城更是得到重点加固，八达岭长城明万历十年（1582年）修筑长城石碑载："钦差山东都司军政佥书，轮领秋防左营官军都督佥事寿春、陆文元，奉文分修居庸关路石佛寺地方边墙，东接右骑营工起，长七十五丈二尺，内石券门一座，督率本营官军修完，遵将管工官员花名竖石以垂永久。"这些烽堠墩台与长城南北的许多城防、关隘、都司、卫所等防御工程和军事机构共同构筑了一道城关相连、墩堡相望的整体防御体系。

按区域划分

明长城在防务布局上采取列镇屯兵,分区防守。在修筑工程上采取分区、分片、分段包修。如1952年在居庸关、八达岭城墙上发现的明万历十年(1582年)的石碑上就记载着长城的包修办法。明居庸关长城是指居庸关防区范围内所管辖的长城段,主要分布在北京延庆区及河北张家口怀来县等两个区县内。中国长城网徐红年先生的一篇文章明确了居庸关长城的范围,并称"除此外再无别处可叫居庸关长城"。他说居庸关长城是指从山海关到嘉峪关经过居庸关地区内的长城。这段长城建于明代,分两路:北路从川草花顶起向西经石佛寺、青龙桥、八达岭、石峡到软枣顶,

居庸关三号敌楼

有边城 40.5 里,附墙台 14 座,空心敌台 68 座;西路从软枣顶往西,经横岭、石板冲,直至今怀来县镇边城西的挂枝庵,有边城 83 里,敌台 102 座,附墙台 12 座。

居庸关长城为昌镇管辖,但同时又与宣府镇和真保镇的长城相对接。其为宣府镇(总兵驻宣化)管辖长城的东端起点,其西端至西洋河(今山西大同东北),全长 511 公里。另外,真保镇(总兵驻保定)辖长城区域,北起紫荆关,西行经涞源向南折经倒马关直至故关,全长 390 公里,此段长城由紫荆关再向东北而行,便与居庸关长城相接。从长城总体布局上可知,居庸关长城在长城防御体系中属内长城。内、外长城是自怀柔区大角楼山向西,分为南北两线,最后殊途同归,到山西省偏关附近的老营又会合在一起。内长城从居庸关西南向,经河北易县、涞源、阜平而进入山西的灵丘、浑源、应县、繁峙、神池而至老营。外长城即自居庸关西北经河北赤城、崇礼、张家口、万全、怀安而进入山西的天镇、阳高、大同,沿内蒙古、山西交界处达于偏关、河曲。内长城上有著名的内三关——居庸关、倒马关、紫荆关,外长城上有著名的外三关——雁门关、宁武关、偏头关。这内外三关形成了明王朝保卫京师和中原地区的重要防御体系,居庸关是这个防御体系中的一个战略支撑点。

河北怀来县与北京昌平区内

怀来县地处内长城外侧,为内蒙古高原与冀北、冀西山地的接合部。县境南北群山起伏,层峦叠嶂,中部是河谷平川,两山夹一川形成"V"形自然盆地,官厅水库居盆地之中。由官厅水库劈山而出的永定河水沿着深沟峡谷流向京郊，形成了幽州峡谷地带。燕山支脉军都山分布在县境南部，构成南部山地，大部分居庸关长城即建在怀来县境内的东南部。其地理位置历代为兵家所重视，今天更是北京连接西部边陲的重要通道。

长城顺山走向由北京市门头沟区东行进入河北怀来县后，因山势更加险峻，能起到屏障作用，故依山为障，并未筑墙。依山为障地段的走向为：由麻黄峪村向东到水峪口，然后继续向东，跨永定河至水头村西南广坨山南的挂枝庵山。由挂枝庵起，石砌城墙才开始有。从挂枝庵起，长城走向的基本路径为：先向东北过水头村水门口后不远，转向北至大营盘村北，又折向东跨东花园至镇边城的公路抵牛金山北坡。过牛金山北坡长城迂回向东偏北延伸，至北京市昌平区黄楼院正东 90 度转弯折向西北，至上陈家堡后，出河北省怀来县境，入北京市延庆区的石峡村界。从长城的起止看，虽长城弯转曲折，但基本上是东北—西南走向，这段长城全长约 54 公里。据华夏子的《明长城考实》记载，怀来县境内长城共有砖石结构空心敌楼 156 座，其中较好的 3 座，圮残极重的 17 座，被毁仅存基础的 136 座。

怀来县境内居庸关长城的具体走向分为 3 段。

水头村挂枝庵—大营盘西北蒋家梁

水头村至大营盘的长城大体走向为自南向北，长度约 15 公里。由水头村挂枝庵起沿山梁而下至水口关门，有 5 座砖砌敌楼，但均已毁掉，只存残址。此段石墙墙体虽有坍塌但总体尚存。长城西端头的元城岭（挂枝庵附近）上有一个小城堡，人称元城子，

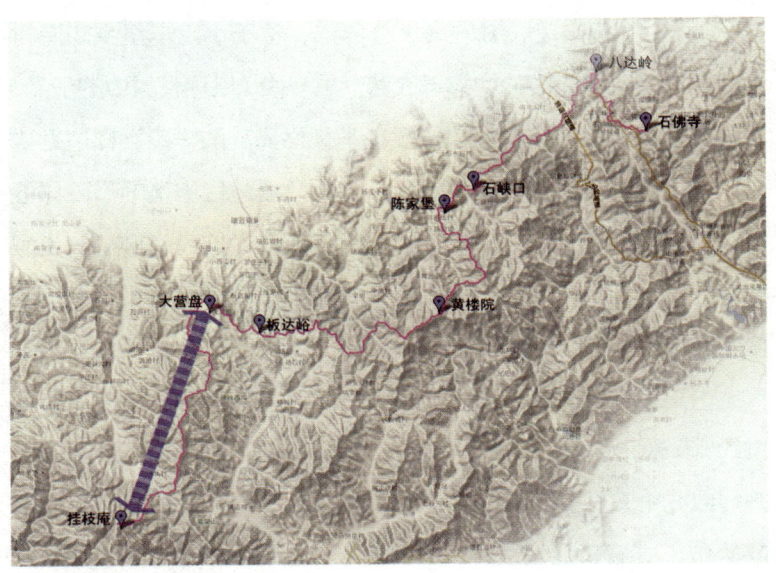

居庸关长城挂枝庵—大营盘段

位于长城外侧约 50 米的地方，元城子呈不规则椭圆形，建筑年代不详。元城子附近的山谷中还有一个水口关门，中间有一个门洞，装有对扇门，平时可通车骑，现此门仍为长城内外通道。向南沿河床可至北京门头沟区境，向北至河北怀来水头村。为过往商旅提供通道，下雨时可作水门，起着疏通山水的作用。

过水口关门后，长城顺山而上，沿山梁北去，至大营盘西北蒋家梁上，全部为石砌城墙。构筑坚固，自然毁坏很少。墙外侧连垛口高 5~6 米。很多地方的垛口尚好。墙里侧较低，高约 2 米。内侧女儿墙多已坍圮。这段城墙上尚有一个可通墙外的砖砌券拱门洞，但已无一座较好的敌楼。

"样边"是这段长城的一个分界点,位于小南辛堡乡庙港村东南5公里的崇山峻岭中靠近大营盘的一段,堪称长城中的精品,是怀来县内保存最完整,建筑质量与规格最高的一段。样边据传是明代徐达在修筑居庸关长城时,先在险要地段修筑的一段样板工程,供负责修筑长城的人参观采样,所以说这段长城是明长城修建时的试点和典型。而实际上应该是嘉靖二十七年(1548年)戚继光总理蓟镇事务时修筑的。

"样边"总长约3公里,保存较好,墙体剖面呈梯形,墙基宽约5.5米,顶宽约4米,高4~8米。城墙顶较宽,可容4匹马并行或8个人并排,外有女儿墙,内有垛口,每300米设有敌楼或墙台,城墙有几处呈"S"形曲线,线条圆滑流畅,可见修筑之细致。墙体全部使用整齐的石条砌筑而成,垒砌的石条达17层之多,石条平均长60厘米,宽30厘米,厚25厘米。每层石条之间,均使用薄石片找齐。靠最上层石条下部,使用薄石板出搪7厘米做排水之用,另外还有泄水孔,以排雨水。墙体内部除

样边长城

利用原山体外，还使用三合土、砖头、石块填充。顶面使用厚石板铺砌，并利用高低差将雨水顺排水沟引入预留在最上层石条之下、出榴石板之上的排水孔，将雨水排出墙体。内侧每隔200米左右就有一个宽约0.7米、高约1.8米石条砌成的门洞，门洞内顺墙体使用石条台阶，直通墙顶，供守城将士上下城墙用。

样边以南至水头一段的长城，因长城基本建在海拔1千米以上的崇山峻岭上，故对长城的修建不太重视，由长城修筑的建筑形制即可看出。这里除有灰石砖结构外，尚有灰石结构和干插石结构。所谓灰石结构，即城墙和城楼全部采用石头砌成，用灰浆粘接，这种城墙宽通常只有1.3米，垛口较低，用石多为毛石，取其一平面为外侧。而干插石结构的城墙是不用任何粘接物，只用石头叠垒而成，这样的长城宽、高不足2米，防御能力也较差。样边以北便与大营盘长城相连。

脱离边墙，在外的敌台

上下边墙的孔道

大营盘—黄楼院

这段长城经过板达峪、大营盘，长城围绕着大营盘村，向东南方向转了一个"C"字形的大弯。大营盘长城为明正德十五年

居庸关长城大营盘—黄楼院段

（1520年）修建，实际上包括了横岭管辖下的4段长城：莺窝坨、小山口、姜家梁、倒翻冲。此处长城建于群山之巅，基本上保持了同八达岭长城一样的建筑风格，墙体高大，墙顶宽阔，烽火台相对较少，所以显得雄伟连贯，气势恢宏。大营盘长城再往东接怀来县踞虎关长城（再往东北就是北京最高的烽火台黄楼院长城），这段长城为块石码砌，并没有用砖砌，正因如此，长城的毛石干插垛口和女儿墙有的还保留至今。

长城由大营盘西北蒋家梁继续向北行一段后，便折向东南，抵板达峪口，今有东花园至镇边城的公路由板达峪口穿长城而过。这段长城坍塌稍重，有几处已无墙样。这段城墙上有12座砖砌空心敌楼，已全被拆毁，只存残址。路口两侧原筑城墙已毁掉无存。

踞虎关长城

踞虎关

黄楼院高楼

从高楼遥望样边

高楼附近一圆台

长城过东镇公路后，继续向东，由牛金山北过，后转为东南方向至老虎头山。这段石砌城墙毁存相参约各占一半，毁坏部分皆为自然坍塌状。这段城墙上的敌楼全部被人为拆毁。长城过老虎山后，转为东北方向约1公里，折向东南约1公里又转向东北，到达北京长城制高点——黄楼院高楼。黄楼院在北京昌平、延庆和河北怀来县三地的交界处，最高处海拔1429米，长城依山而建，山顶的城堡叫高楼，是北京长城的最高点。

黄楼院—陈家堡

长城从黄楼院垭口向北再次登上高点，翻过两个大坡后就进入了陈家堡（罗锅城）的范畴了，这段长城也是目前保存较好的

居庸关长城黄楼院—陈家堡段

一段。墙身剖面呈梯形,平均下底宽约 5 米,上底宽约 4 米,高约 5 米,墙身包皮使用 5~8 层过凿石条,灰浆粘砌而成。城墙顶部用 3~4 层砖铺砌,最上一层是方砖铺砌,灰浆灌缝,平整结实。墙身内部用三合土、砖头、石块填充。每隔不远就有一个宽约 0.7 米、高约 1.8 米,顶部呈拱形的砖砌门洞,有砖石台阶直通墙顶,守城将士、兵骑可由此上下。城墙顶宽 4 米,可容 4 马并进,8 人排列。靠内侧砖砌一米字墙(或称女儿墙,即城墙上所筑的矮墙),靠外侧,用砖砌起总长 2.5 米、高 1.5 米的垛口,其中垛长 1.75 米。离底部(即城墙墙身顶部)约 0.24 米处有一个 0.2 米 ×0.3 米的小窗口,叫射洞,守城兵士通过此洞来射击敌人。距底部约为 0.72 米的瞭望口尺寸为 0.8 米 ×0.8 米,此口能起到瞭望和监视敌人的作用,在瞭望口下,即城墙墙体顶部平面上,向外修有排水沟和吐水嘴。这样的形制在石峡长城上还能见到,但到了陈家堡一带,长城上的女儿墙和垛口在20世纪六七十年代基本都被拆毁,有的段落的长城石条也被拆毁,只存夯土墙心。

这段长城的敌楼极具特色,建筑分为二层,人称为"楼"或"三街六巷楼"。敌楼有矩形的,也有少数圆形的。长城多从矩形楼短边中心入楼下层,下层地面同长城墙体等高,内外两侧各有3个小房间,并设有瞭望口、射孔,既可守望避风,也可用于作战;上层则设有射击、瞭望用的垛口。二层敌楼之间设有石阶可供兵士上下。这种空心敌楼便是戚继光所设计的,堪称内长城的杰作,外长城绝无此设施。

在陈家堡到黄楼院的一段,有9座敌楼被编了号。9座敌楼中,仅9号、7号两座较好。9号楼东、西墙各有3个箭窗,南、北墙各有石券拱门,但楼砖砌垛口已全部坍塌;7号楼东、西墙各有6个箭窗,南、北墙各有石券拱门,楼整体较好,这可能是怀来仅存的敌楼;而8号、6号、5号3座楼均仅存一两面墙,1~4号楼全被拆毁,只存残基。

北京延庆区境内

延庆区地形呈盆地,境北、东、南三面环山,南为军都山,北系缙阳山,均属燕山山脉。居庸关长城即位于延庆区境南的军都山脉中。这段长城由河北省怀来县境向东北进延庆区石峡,过八达岭、青龙桥、石佛寺到川草花顶山底。而后长城又从53里外的解字石村北出现,出延庆龙泉峪界到达怀柔西水峪。这段长城约长52公里,共有敌楼88座,其中较好的33座,圮残的24座,残毁无存或只存基座的14座,存有墙台的17座。

居庸关长城在延庆境内的具体走向分为2段。

陈家堡—石峡口—八达岭

长城从陈家堡再往东北方向延伸,不远,就出河北界进入北京延庆区石峡村附近。石峡口为断崖山谷中之关口,十分险峻,长城筑在断壁之上。石峡口内还筑有城堡,亦已毁,现在的石峡村内仅存原城堡部分城基。要进入石峡村,需走外炮村至王家沟的公路,并穿过石峡口。据当地老乡介绍,原来石峡口有券拱关门和一小水门洞,今已毁坏无存。长城由河北省怀来县境继续向东,约1公里便进入石峡口。此段长城仍为条石砌筑,但今多已

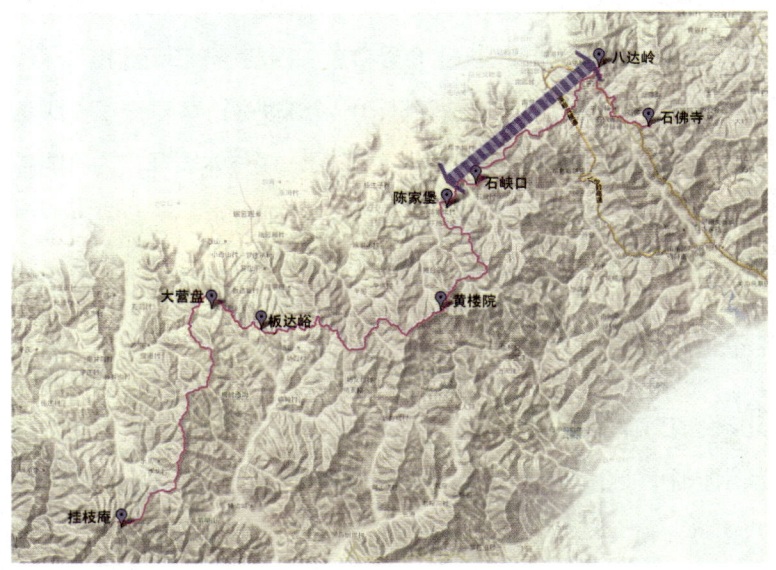

居庸关长城陈家堡—八达岭段

被拆毁，只存其内部结构残墙。

长城经过石峡口继续向东经花家窑到东沟口，此段多为条石砌筑城墙，快到东沟口处有一处十分陡峭之地，锯齿形垛东沟口口保存完好。东沟口墙上原来也有券拱砖门通内外，今已无存。再往东北便到东安岭，有一段为块石砌筑墙，垛口亦为石砌，虽砌筑较为简单，但保存较好。长城继续往东北便到八达岭，这一段，人为毁坏较为严重，空心敌楼和城墙多只存条石基。

八达岭—青龙桥—石佛寺

八达岭口是居庸关长城最冲要之隘口，自八达岭下视居庸，若建瓴，若窥井，明西关巡抚王士翘言"居庸之险不在关城而在八达岭"。八达岭长城最高点为海拔800米，关城处于海拔600

居庸关长城八达岭—石佛寺段

米处。关城建于八达岭口，有南北二门，北名"北门锁钥"，南谓"居庸外镇"，为弘治十八年（1505 年）所建。八达岭长城就是从"北门锁钥"关门开始向南北延伸，两边高山陡峭，长城雄踞山巅，宛如游龙啸天，盘旋于燕山群峦峻岭之中。

八达岭长城墙基平均宽为 6.4 米，顶部宽约 5.8 米，宽阔的墙顶可以五马并驰，十人并肩行进。墙顶外侧筑垛口，高 1.7 米，设瞭望口，下设射口，用以射箭；内侧筑有宇墙，起栏杆作用。八达岭长城共有敌楼 43 座，形制相仿又各具特色。敌楼为二层空心，高 10 米、长宽均 10 米，全部为砖石结构，第一层和第二层顶部做成许多拱券，有梯道上下。下层驻兵、存放物资，上层周围瞭望射击。

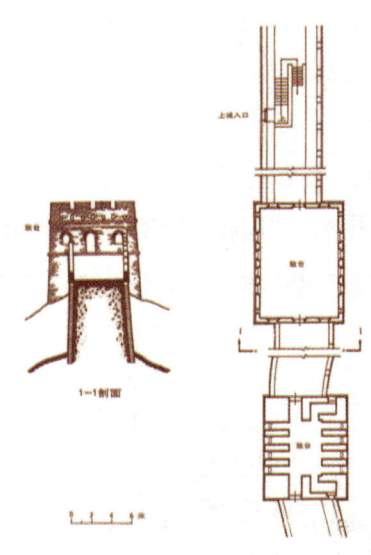

八达岭附近长城平面图与剖面图

这些敌楼或墙台的距离根据山势和地形而设，每隔 300~500 米，筑方形，高出墙顶，在长城险要处和交通要道上，筑有坚固的烽火台，大约每隔 10 里在易于瞭望的高岗上或丘阜上建一个。

从八达岭口往东北方向走 1.2 公里后，长城突然折向南，奔往青龙桥口。青龙桥东口至石佛寺口的这段长城，全部为条石砌

明居庸关长城

筑，除个别地段有少量圮坍，大多保存完好，大部分砖砌垛口仍残存。这两口均为永乐年间建。石佛寺关口处原设有一水门，水门与关口均毁，现在已将此处长城修复，称为水关长城，关口处也修筑一新，成为进入水关长城的入口。水关长城一直向东南逶迤，径直抵达川草花顶山根底部即戛然而止。

层级防御　体系为先

历史证明，居庸关无疑具备"一夫当关，万夫莫开"的雄关之势，更兼具防御性关隘"进可攻，退可守"的机动性。但是，这并非就可说，单凭独独一座居庸关就可以完全实现其军事功能，它对北京城的屏蔽作用必须和其他相邻各镇卫所、关隘相辅相成，互为掎角。

居庸关防御体系的构建具有一定的层级关系。既有各自的防区，又互相衔接，多镇合力，攻守结合，彼此共济，往来策应，直接护卫着北京的安全。

居庸关军事管理体系

都司卫所制下层次体系

居庸关于洪武五年（1372年）设守御千户所,隶属燕山都卫,八年（1375年）,燕山都卫改为北平都司,先属大都督府,十三年（1380年）,立五军都督府时,北平都司改由后军都督府统属。

五军都督府

五军都督府是全国最高统兵机构,其前身为大都督府,与最高军政机构——兵部共同组成明代最高军事机关。洪武元年（1368年）,明太祖统一全国后,在各要地遍立卫所,在中央设大都督府,统领全国各都指挥使司。洪武十三年"始改都督府为五军都督府",分别为中、左、右、前、后五军都督府,"分领在京各卫所,及在外各都司、卫所"。永乐元年（1403年）,"设北京留守、行后军都督府,置左、右都督"。

《明史·职官志五》载:"都督府掌军旅之事,各领其都司、卫所,以达于兵部。"又道:"都司,掌一方之军政,各率其卫所以隶于五府,而听于兵部。"说明五军都督府虽掌兵籍、训练和军政等统兵权,却不掌军官任免、升调和军令等调兵之权,调兵权归兵部所有。兵部与五军都督府并不具有统属关系，而是各有其职掌的两个中央军事机构。当时各都督府都要统领一定数量的在京和在外的都司、卫所，平时掌管一切操练、守御、屯田之事，战时，由兵部秉承皇帝旨意，委派都督府官，或公、侯、伯出任总兵官。朝廷发给其印信，支给军队；战事完结后，将帅回朝复命，军队则各自回卫所。正如《续文献通考》所言："五军都督府总兵籍而不与调发，兵部得调发而不治兵。""兵部掌兵政，而军旅征伐则归之五军都督府；兵部有出兵之令而无掌兵之权，五军有统兵之权而无出兵之令；至将属以五府，而兵又总于京营，合之则呼吸相通，分之则犬牙相制。"由上可以看出，兵部与五军都督府之间的军事分工体现了分权合作又分权互制的特征，防止危害皇权专制，形成了明军封建性的中央集权的军事体制。它由皇帝集中军队平时建设、训练和战时调动、指挥的一切大权；兵部和五军都督府则秉承皇帝的旨意，分别职掌军队平时建设、训练和战时调动、指挥的各项军政事务；都司、卫所及其所统领的士兵，只是实现皇帝意志的工具。

都指挥使司

都指挥使司，简称都司，是明朝省级地方最高军事领导机构，掌一方之军政，各率其所属卫所隶于五军都督府，听命于兵部。与布政司、按察司并称三司。明初，天下卫所上统于都卫，洪武八年（1375年）十月，诏各都卫并改为都指挥使司；各都卫或都司又上统于大都督府，后析出前、后、中、左、右五军都督府分统各卫所。

北平都司

都司建置沿革 北平都司,前身为燕山都卫。洪武元年(1368年),明军攻下大都后,因居庸、古北、山海等关隘是通往宣府一带及塞外的重要通道,遂在此附近陆续建立大兴左、右卫,燕山左、右卫,永清左、右卫等6卫,守卫北平及其附近地区。次年(1369年)八月,始置燕山都卫,进行统一指挥。八年(1375年)十月,改燕山都卫为北平都指挥使司(治今北京),管理各卫所。故北平都司成为洪武中太行山以东主要的地方军事机构。燕山都卫及北平都司先属大都督府,洪武十三年(1380年),立五军都督府时,北平都司改由后军都督府统属。永乐元年(1403年),朱棣"革北平布政司、按察司及北平都司等衙门",在北平设留守行后军都督府,北京周围的卫所改归其下。

都司卫所设置 到洪武三十年(1397年)初北平都司卫所统辖26卫、5个千户所,这亦是北平都司发展的鼎盛期。其中,洪武五年(1372年)设居庸关守御千户所,六年(1373年)设紫荆关守御千户所,十二年(1379年)设古北口守御千户所,十四年(1391年)设山海卫,三十年(1397年)在居庸与宣府之间设置怀来守御千户所,所有卫所像屏障一样均匀分布在燕山南麓,共同拱卫京师。紫荆关为山西与京师间一个重要隘口,居庸关则距京师最近,山海卫倚山面海,为联络辽东的孔道。北平都司、北平行都司的建立,以及北平北部长城沿线要隘的建设,保障了北平的安全。

都司卫所的性质 北平都司以长城和居庸关为分界线,长城

以内、居庸关东卫所无实土，长城以外、关西则有。实土卫所以多分布于长城以外的区域，有开平卫及开平5屯卫、宜兴所、兴和所，居庸关以西则有永宁卫、怀来所。长城以南、居庸关以东的区域因皆设有府州县，故所设卫所俱无实土。实土都司卫所一般设于边地，民籍人口较少，故而仍然延续了军政合一的传统。准实土都司卫所则是都司卫所系统与文官行政系统折中的结果。

万全都司

都司建置沿革 万全都司始置于宣德五年（1430年），从设立之初起辖区便基本稳定，辖区与宣府镇范围基本一致，东至居庸关，西与山西行都司天城卫相邻，北接边墙，南至保安州南部。万全都司所辖卫所处于北防的前沿，又处于京畿与大同镇东西往来的要道上，军事战略地位重要。万全都司直隶后军都督府，但大部分事务实际由宣府总兵官督理，都司与军镇两者相比，军镇的作用更大。

都司卫所设置 据《宣宗实录》宣德五年十月记载，"万全都司奏所辖卫所一十六处皆临极边"，这16卫所应为居庸关外已有的14卫、2所，其中便包含隆庆左卫、隆庆右卫。据《西关志》载，永乐元年（1403年），添设隆庆左、右二卫，与隆庆卫一并直隶于京师。3卫初始一起治居庸关，直隶留守行后军都督府，后直隶后军都督府。宣德四年（1429年），尚书赵玒建议调左卫于永宁，右卫于怀来。隆庆元年（1567年），因避讳年号，3卫改名为延庆卫、延庆左卫、延庆右卫。

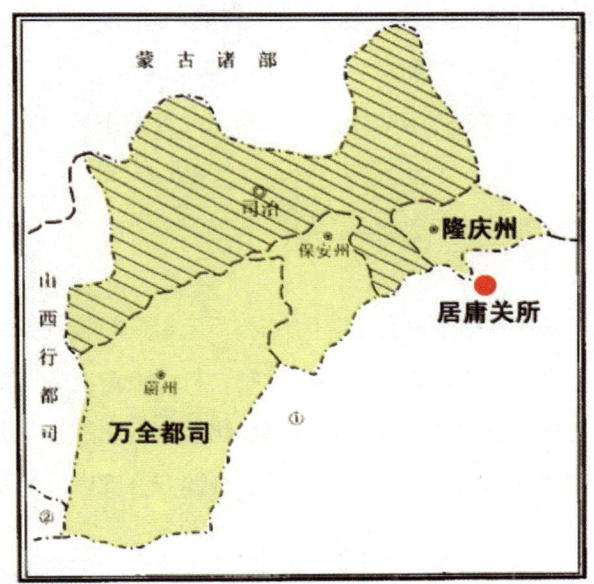

明代万全都司辖区图

居庸关卫所

居庸关守御千户所，设于洪武五年（1372 年），隶属于燕山都卫，后者从洪武元年到八年间（1368—1375 年）共设置了 18 卫、3 所，其中居庸关守御千户所便为其中 3 所之一，治于居庸关城。洪武八年（1375 年）后，燕山都卫改称为北平都司，居庸关守御千户所便随之改隶于北平都司。洪武三十二年（1399 年），废居庸关守御千户所，改设隆庆卫指挥使司，仍隶于北平都司。永乐元年（1403 年）之后，隆庆卫直隶于北京留守行后军都督府。隆庆元年（1567 年），因避讳改名为延庆卫。隆庆卫与居庸关守御千户所皆治今北京昌平西北居庸关。

《明史·地理志》载"关口有居庸关守御千户所,洪武三年(1370年)置。建文四年(1402年),燕王改为隆庆卫",与《西关志》《四镇三关志》所载有出入,应以《西关志》为准。

九边总兵镇守制下层次体系

赵现海在其博士论文《明代九边军镇体制研究》中,扼要地梳理了明代九边军镇在不同时期体制、机构设置上的演变方向,同时也为本文研究居庸关防区的军事防御体系引航:"明前期九边军镇体制基本为总兵镇守制度与宦官镇守制度内外相制格局,

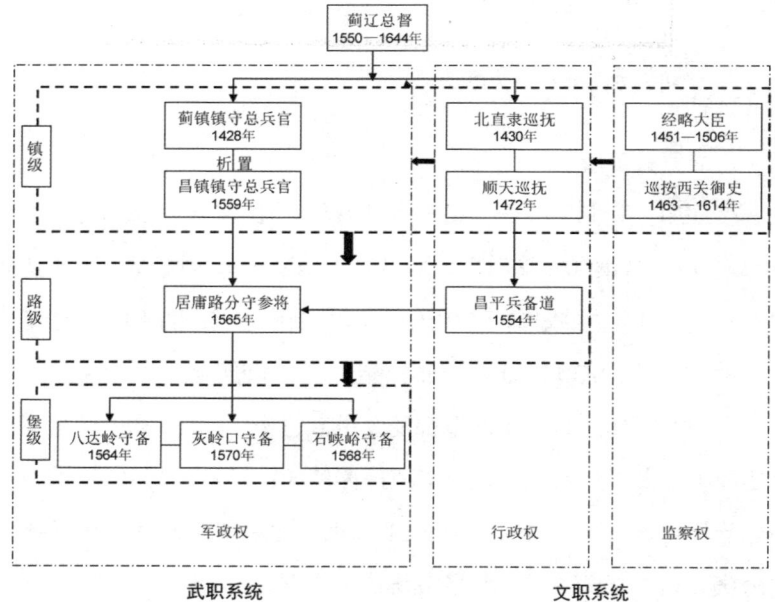

明嘉靖以后居庸关防区层次体系与文武职系统官员设置

军镇具体事务由总兵官负责,而文臣却不参与军事。但洪熙之后,中国古代文治传统逐渐回归,而军镇武臣又多不遵约束,为管理机密文书,遂设置参赞。正统之后,为管理屯田、整饬军务,遂建巡抚、提督之制。至天顺时期,参赞渐与巡抚合并,提督亦多废置,巡抚职责与地位逐渐固定,从而逐渐实现制度化,形成文武相制的军镇体制。明中叶以后,随着巡抚军事化趋势的进展,明朝渐于九边设置总督,以节制巡抚与总兵官,九边军镇体制从而演为以文统武。"总之,九边军镇的军事防御体系是由武职系统和文职系统机构共同构筑,二者间经历了明初"重武轻文"到明中期"文武相制"再到明后期"以文统武"的转变,这大体体现了终明一代九边军镇体制的发展脉络。居庸关作为其中一员,其防御体系的演进轨迹也不外乎于此。

蓟辽总督

明朝的总督,是明廷为强化中央集权,更好地处理中央与地方的关系,协调地方事务而由中央都察院派驻地方的高级官员。总督多由兵部尚书、侍郎兼任,并带有都御史的头衔,总督的正式官名一般为"兵部侍郎兼都察院×都御史总督××地方军务"。例如,翁万达以兵部尚书兼右副都御史任宣大山西总督,谭纶以兵部左侍郎兼右佥都御史任蓟辽总督。

总督是在巡抚制度普遍推行的基础上产生的,并更偏重于军事,总督的级别要比巡抚高,一个总督一般要节制一个以上的巡抚。因此总督与巡抚具有"同源"的属性,但其职权又有所区别。总督的职权为节制巡抚、调度军队,巡抚则为征收赋税、考述属吏、提督军务。总之，总督以军务为主，兼理民事，巡抚以民事为主，兼理军务。而九边地区总督的设置，主要是为了协调各镇的防务和军事活动，以解决防线过长、难以统一防务和配合行动的桎梏。九镇军务，由兵部管理。

蓟辽总督，全称总督蓟辽保定等处军务，兼理粮饷。自嘉靖二十九年（1550年）始置，节制顺天、保定、辽东3巡抚，通州、昌平、易州3都御史,蓟州、保定、辽东3镇总兵。成化十年（1474年）春，"廷议设总制府于固原……控制延绥、宁夏、甘肃三边，总兵、巡抚而下并听节制"。自此明朝逐步确立了总督节制巡抚、总兵的体制。以后再置总督皆援此例，蓟辽总督亦不例外，《明会典》对此也有所记载："嘉靖二十九年，以虏患始改为总督蓟州、保定、辽东军务，镇、巡以下，悉听节制。"《明史》对蓟辽总督的辖区记为"辖顺天、保定、辽东三巡抚"，《明史纪事本末》载：嘉靖二十九年九月"置蓟辽总督大臣，以蓟州、保定、辽东三镇隶焉"。《四镇三关志·昌镇》载："效祖曰，昌镇总属顺天抚臣，先年有专守，都御史罗通至庚戌，又有许宗鲁无何罢不设以归之蓟辽总督，遂为定制，嗟乎。"

巡抚、镇守总兵

明朝中央政权的最高军事机关是兵部，兵部奉皇帝之命掌管长城沿线及全国的军事。作战时由兵部尚书或另派大臣出任总督军务，有时皇帝还亲自"出征"。长城沿线建立了先为9镇后增为11镇的分地守御体系。宣德以后，九边各镇除了由朝廷派总兵官镇守之外，另派巡抚、太监监镇，巡抚的设置逐渐削弱了总兵的权力。在九边地区形成了由镇守武臣和镇守中官两套系统并置的体系。凡有镇守总兵官处，均设置镇守太监或少监；有分守参将处，则设分守少监或监丞，监督、巡视军务；有武职守备处，亦设监丞守备或奉御、内使等。总兵官为武将，巡抚等为文官，它们各自职能不同，《四镇三关志》职官考总论有言："文以护军督饷，武以仗戎敌忾……文自督抚以及部使宪司，武自总副以及分区域御守。"

巡抚、都御史、经略、专守

巡抚，总揽操练兵马、整理器械、修筑城池墩台及督理粮储等，守备、兵备等官俱听节制。无论是"参赞""提督""镇守""整饬兵备"之衔，他们皆被视为"巡抚"。

北直隶巡抚 北直隶巡抚始置于宣德五年（1430年），辖北直隶地区，后在原辖区内析置小巡抚。自正统四年（1439年）置两巡抚，一辖顺天、保定、河间、永平4府，一辖真定、顺德、广平、大名4府，正统、景泰、天顺、成化年间，北直隶巡抚及辖区小巡抚屡有废设。至成化八年（1472年），北直隶巡抚因为所辖之地甚广，又兼理边备不便，便析置顺天巡抚和保定巡抚2巡抚，并于此后成为定设。

顺天巡抚 关于顺天巡抚和保定巡抚的析置，《明会典》有记载云，顺天巡抚"（成化）八年，以畿辅地广，从居庸关中分析为二巡抚，其东为整饬蓟州边备巡抚顺、永二府都御史，以居庸等关隶之，驻遵化，遂定设"。又记保定巡抚，"成化八年，始从居庸关中分为二巡抚，遂专设都御史巡抚保定、真定、河

间、顺德、大名、广平六府,提督倒马、紫荆、龙泉等关,驻真定"。

昌平都御史 昌平都御史曾改称昌平督治、昌平巡抚、昌平抚治、居庸巡抚。"庚戌之变"后,明廷为加强皇室陵寝的防卫,设专守都御史一员,驻昌平州。据《明会典》记载顺天巡抚"嘉靖二十九年,增设通州、昌平、易州三都御史,旋议革,惟蓟州仍旧"。此时昌平都御史的辖区,当为昌平一州,主要职责在于掌天寿山皇陵区防务及防边。嘉靖三十二年(1553年)四月,兵部尚书聂豹等言,"臣以为昌平都御史可革,但责之顺天巡抚,令秋防移驻其地。……诏:依部拟"。当年,遂罢昌平都御史,改设专护陵寝副总兵。

经略大臣 明廷为了加强对边防情况的检查督察,自景泰二年(1451年)添设经略大臣开始,期间不定期派出大臣经略边务,数年一遣,《西关志》中记载"成化时九年一遣,弘治间三年一遣",都是由侍郎、卿都御史巡历,阅视边务。直至正德年间,才改为巡关御史代之,并改为一年一遣,年终把边防情况绘图具册,上报中央。

专守大臣 历史上,在居庸关还曾设有专守大臣一员,正统年间所设,由兵部郎中罗通任专守大臣,主要为抵抗北虏内侵。正统十四年(1449年)九月,"升兵科给事中孙祥、兵部郎中罗通,俱为右副都御史,通守居庸关,祥守紫荆关"。《明史》对此也有记载:九月"辛丑,给事中孙祥、郎中罗通为右副都御史,守紫荆居庸关"。《明景帝监国登极时期居庸紫荆两关之城防》一文也

言在景帝监国的正统十四年至景泰元年（1450年），居庸关的镇守官员由"专守大臣罗通、分守参将罗俊"等人共同镇守。

巡关御史 在居庸关出任的为巡按西关御史，《西关志》记载了从天顺七年（1463年）差柳华起，到嘉靖三十九年（1560年）差黄纪止，约100年中每年一任的巡按西关御史名单。《重修居庸关志》则除此以外，又补录入至万历四十二年（1614年）差王命璿止。巡关御史每年一任，直接反映了明廷对于居庸关防卫的重视。巡关御史出巡时，带有皇帝签发的"玺书"，到各关口巡视的任务为：军械之调发、城堡之缮修、烽堠之严明、尺籍之稽搜、器械之治具，咸听断而仰成焉。

镇守总兵

镇守总兵官，又称为镇守、总镇、总戎、元戎、大将、大帅等。张士尊先生认为明代总兵一职的含义，有狭义与广义的不同理解。狭义是特指那些挂某某将军印，专制一方者；就广义而言，那些承担特定军事任务的将军均可称为总兵。总兵官在明朝自始至终未能成为正式官职，而仅是一种差遣职务，无品级、无定员。张景波认为总兵官作为职务名称是没有品级的，但出任总兵的人却是有品级的，他的品级就是由他的都督府官衔决定，一般由侯、伯、都督等充任。

关于明代总兵制度，据《皇明九边考》为："总镇一方者曰镇守，独守一路者曰分守，独守一城一堡者曰守备，有与主将同处一城者曰协守，又有备委提督提调巡视等，名其挂印专制者曰总兵，次曰副总兵，曰参将，曰游击将军。"《明会典》也有相同记载:"凡天下要害处所,专设官统兵镇戍。其总镇一方者曰镇守,独守一路者曰分守,独守一城一堡者曰守备,有与主将同一城者曰协守。……其官称挂印专制者曰总兵、曰参将、曰游击将军,旧制俱于公、侯、伯、都督、都指挥等内推举充任。"

镇守总兵、副总兵的驻地一般被称作镇城,大多位于长城沿线,且规模较大。镇守总兵指挥本镇所辖长城沿线的兵马,平时守卫本镇长城,有警时受兵部或皇帝所派大臣的指挥,救援其他镇的防务。每镇兵员在10万人左右,随着长城防守的需要时有增减,九镇兵员共在100万人上下。据统计,昌平镇,隆庆二年(1568年),三路兵员达30366人,万历时减为19039人。蓟州镇,永乐时期兵员55000人,至隆庆初,达99883人之多,万历时又减少至31658员名。宣府镇,洪武初,屯守官军即近10万,至永乐时,已达151452名,居9镇之首,但到万历时仅为79258员名。真保镇万历时官军为34697名。

兵备道,路(参将)

兵备道隶于巡抚,总兵之下设参将,兵备道大体跟路平行。

兵备道,是明代以提刑按察使司的副使、佥事等监司官,或布政司的参议等"方面官"整饬兵备,因其管理的范围称为"道",故有"兵备道"之名;又因其职责在于"整饬兵务",全名为"整饬兵备道"。兵备道的职责,大体而言为分理军务、监督官兵,管理卫所兵马、钱粮与屯田,操练卫所官军与地方民快,巡视江防、湖防与矿地,缉捕流民与逃犯等。兵备道为加强地方控制,其驻地多设于险要之处。在九边之上的兵备道,多为专职,以强化其权责。

居庸关、镇边城等处,旧属易州兵备道。易州兵备道自正德九年(1514年)添设,至嘉靖三年(1524年)裁革。嘉靖十一年(1532年)复设,总理紫荆、居庸、倒马3关,在易州驻扎。其后,居庸关、镇边城等处于嘉靖二十九年(1550年)改属霸州道。三十年(1551年)设驻守巡抚衙门。三十二年(1553年)该经略侍郎杨博建议裁革。三十三年(1554年)该总督侍郎杨博议设昌平兵备道,管理居庸、镇边、黄花3区。三十九年(1560年)该总督尚书许论议添设怀柔道,黄花割属。昌平道则照旧管理居庸、镇边二区,昌平一州。长、献、景、裕、茂、泰、康、永并隆庆等9卫,白羊、镇边、奠靖3千户所,在昌平驻扎。

分守参将是明代镇守边区的统兵官,无定员,位次于镇守总兵官、副镇守总兵官,分守各路,驻扎某堡,管辖本路诸城堡的驻军与本路的防务。长城沿线诸镇所辖重要关隘城堡,除总兵驻地外,分遣参将分守各路。《四镇三关志》载,万历年间蓟镇总兵官之下设分守参将12员守各路,分别为山海路、石门路、台头路、燕河路、太平路、喜峰口、松棚路、马兰路、墙子路、曹家路、古北路和石塘路;而昌镇总兵官下设参将3员分守各路,分别为居庸路、黄花路和横岭路。

居庸路分守参将:洪武三十二年(1399年),始在居庸关设镇守,如正统二年(1437年)七月,"升隆庆卫指挥同知李景为署都指挥佥事镇守居庸关",景泰五年(1454年)二月,"命永清卫带俸都指挥佥事仲福镇守居庸关",天顺三年(1459年)九月,命都督同知李奇镇守居庸关;弘治元年(1488年)改为分守,如弘治十五年(1502年)"改天寿山守备都指挥佥事王瑾分守居庸关";正德四年(1509年),又改为镇守;次年,仍为分守;嘉靖四十四年(1565年)改参将一员,辖八达岭、石岭、灰岭3守备地方。

黄花路分守参将:嘉靖三十年(1551年),于黄花镇置黄花路,设分守参将,黄花镇守备归其统辖。黄花镇守备分管枣园寨口、石城峪口、西水峪口、石湖峪口、撞道口、鹞子峪口、黄花镇口、小长峪口、大长峪口、南冶口和边城50里半,附墙台2座、空心敌台29座、战台4座的防守。嘉靖四十年(1561年),裁守备太监,只留外守备率军防守。守备公署于嘉靖四十年建于黄花镇城。

横岭路分守参将:横岭镇边一带,弘治十八年(1505年),才在横岭口建立北城一道,后又于正德八年(1513年)添修南城一道。原设总管官一员,嘉靖二十六年(1547年)改钦依把总;三十年(1551年)升级为守备;三十二年(1553年),又提升为设参将一员,同时分守镇边、白羊、长峪3守提地方,驻镇边城;四十五年(1566年)革守备、移参将,驻横岭城。

居庸关整体防御体系

居庸关防御体系演进轨迹

北平都司→隆庆卫→居庸关守御千户所(洪武五年始)

《西关志》对居庸关的发展演变作了详细记载:"洪武元年(1368年),徐达、常遇春北伐燕京,元主夜出居庸关北遁,二公遂于此规划建立关城。"

居庸关守御千户所设于洪武五年(1372年),洪武三十二年(1399年)改为隆庆卫。《西关志》载"五年建守御千户所,三十二年所废改设隆庆卫指挥使司",《皇明敕修居庸关碑记》及《四镇三关志》所记设置年代与之相同,嘉靖《重修隆庆卫儒学记》亦言隆庆卫"洪武己卯(即洪武三十二年)开设"。居庸关守御千户所和隆庆卫皆治于居庸关。居庸关守御千户所开始隶属于燕山都卫,洪武八年(1375年)燕山都卫改为北平都司,所便改隶属于北平都司。隆庆卫开始隶于北平都司,永乐元年(1403年)后直隶北京留守行后军都督府。"永乐元年添设隆庆左右卫,凡三卫,俱直隶"。"宣德元年(1426年),徙隆庆左卫于永宁县,而关独有隆庆卫,领千户所五,以为京师北面之固。"

燕王镇守北平（洪武十三年—永乐）

明初，历经北伐将元朝统治者赶出了中原，然"元人北归，屡谋兴复"。朱元璋即对国防第一线的长城防线进行了重点部署，在沿长城一线的"九边"地区，除了设有都司、行都司及卫所外，还册封燕、宁、辽、代、谷、庆、肃、晋、秦9个藩王，这些一线诸王屯兵于长城内外，建立防元南下的军事基地。其中燕王朱棣镇守北平，于洪武十三年（1380年）入北平，调各卫兵镇守。之后，北平附近的卫所驻军便归燕王指挥。此时，居庸关守御千户所除隶属于北平都司外，还归燕王管辖。

蓟镇镇守总兵（宣德—嘉靖）

永乐以前，明廷通过都司、大将、燕王镇守辽东，结果都没能有效地解决燕京的防务问题。明成祖即位后，将战时体制下的总兵制度应用于镇守边疆，陆续在九边地区增设总兵镇守，从而建立起总兵镇守体制。随着副总兵、参将、游击、守备等职官的陆续设置，蓟州总兵镇守体制不断完善。到宣德三年（1428年），蓟州总兵镇守体制形成，蓟州镇正式建立。

洪武时，居庸关即在北平镇的统辖范围内，淮安侯华云龙上言："北平边塞，东自永平、蓟州，西至灰岭（指今镇边城）下，隘口一百二十一，相去可二千二百里。"唐国尧认为，北平镇是蓟州镇之先声，蓟州镇由北平镇演化而来；蓟州镇创置之日，即北平镇设置之时。而北平镇演化为蓟州镇，是在靖难之役以后。明廷从永乐元年（1403年）起便以北平镇为基础，改设镇守蓟州、永平、山海关等处总兵官，专门负责从山海关至昌平一线的边墙防务,并以蓟州命名,称为"蓟州镇"。居庸关防区内的长城及其防御体系便一直归属于蓟镇,直到嘉靖三十八年(1559年)改归为析出的昌镇。

昌镇镇守总兵(嘉靖—明末)

昌镇防区及范围

昌镇防区形成于嘉靖三十年(1551年),三十二年(1553年)设副总兵,属蓟镇管辖,嘉靖三十八年(1559年)始分立出来,改总兵镇守,总兵官驻昌平,听蓟辽总督节制。昌镇总兵官的职责为统辖长陵、献陵、景陵、裕陵、茂陵、泰陵、康陵诸卫兵力,守卫皇陵。

居庸关以及居庸关防区的绝大多数关城与隘口皆隶属于昌镇。昌镇管辖范围据《四镇三关志》记载为:"东自慕田峪连石塘路蓟镇界,西抵居庸关镇边城,接紫荆关真保镇界,延袤四百六十里。"昌镇分为黄花路、居庸路、横岭路3路管理,所辖长城属明代内长城,其大部分地段在今北京界昌平区、怀柔区、延庆区,从石峡以西到镇边城、横岭城属河北省怀来县。昌镇重要关隘为居庸关、黄花镇、慕田峪、灰岭口、镇边城、横岭城等。另据《武备志》记载,昌镇共计有"城堡二十八,空心敌台二百五十,守边墩台百六十九";《方舆纪要》中也有昌镇中"居庸关有墩寨七十三、城二、堡三、马步军一万三千七百六十二员"的记载。由此可见,昌镇的防御体系和设施在当时是相当可观的。

昌镇防御体系演变

嘉靖三十年(1551年)二月,《明世宗实录》"巡按直隶御史赵绅言，居庸关、黄花镇实陵寝门户，命设都御史，驻守昌平，拱护皇陵，而二关镇不在所属，设一时有警何以调遣策应？宜自渤海所起，至黄花镇、居庸关及白羊口、长峪城、镇边城、横岭口一带，一切防守事业俱属其经理，参将二员俱听其调度，仍听蓟辽总督节制为便。报可"。因地域太广，管理不便，遂于蓟镇析出渤海所、黄花镇、居庸关、白羊口、长峪城、横岭口、镇边城诸城堡，划归昌平都御史辖理，黄花、居庸二路参将，亦听其调度。昌镇防区便正式形成，但仍受蓟辽保定总督节制。

三十二年（1553年）四月，兵部尚书聂豹等言，"臣以为昌平都御史可革，但责之顺天巡抚，令秋防移驻其地。……诏：依部拟"。当年，遂罢昌平都御史，改设专护陵寝副总兵，并调提督时陈移兵二支，驻近地为援。同时，又于镇边路设参将一员，分守白羊、长峪、横岭、镇边段长城。

三十八年（1559年），裁副总兵，改提督武臣为镇守昌平等处总兵官，驻昌平州城，昌镇总兵官的设置标志昌镇最终确立，昌镇下设黄花、居庸、镇边3路，分别由参将守御。据《明史·职官志》载："镇守昌平总兵官一人，旧设副总兵，又有提督武臣。嘉靖三十八年裁副总兵，以提督改为镇守总兵，驻昌平城，听总督节制。分守参将三人，曰居庸参将，曰黄花镇参将，曰横岭口参将。游击将军二人，坐营官三人，守备十人，提调官一人。"

居庸关防区西路镇边、白羊一带防御演变

居庸关防区西路地域广阔，白羊城、镇边城、横岭城、长峪城皆为西路战略要地，因其地近宣镇怀来，防御甚重，尤以嘉靖

后为最。虏知居庸关城易守难攻,全部绕道白羊、镇边突围,明廷亦屡屡调整西路防线的防御重点。

景泰年间(1450—1456) 景泰元年(1450年)"因达贼冲突,本关(居庸关)提备不及",遂调涿鹿中卫后千户所官军守御白羊口,"广宁伯刘安奏调涿鹿中千户所官军一千余员名就筑白羊口堡,拟截虏犯"。但是,其实白羊口所守御的地方在防区内部,而其外口空旷,其外部仍处于失守境地。

成化、弘治、正德(1465—1521) 在成化、弘治年间,发现白羊口以西,逾岭四十五里得见横岭口地方,直通怀来,山坡平漫,系贼来路。弘治十八年(1505年),在横岭中间建堡城一座。后因地势高阜,难于得水,军队便遣散至村落居住,正德十一年(1516年)间仍复失事。"差都御史李瓒经略东西关隘,添筑墩堡,深以横岭最为要害,虏骑易乘。又相度本岭东二十五里筑长峪城,南区二十里筑镇边城,以辅横岭把截"。镇边在外,白羊与长峪在内,故"差守备指挥一员,驻扎镇边城。扎差把总指挥二员,分管白羊及长峪城"。正德十六年(1521年)亦如此设,"白羊口守备奉旨驻扎镇边,兼制横岭。其白羊、长峪稍缓,只各设把总"。

嘉靖年间(1522—1566) 嘉靖二十一年(1542年),巡按直隶监察御史臣桂荣提议长峪把总改至横岭驻扎,因"镇边、横岭,坦途相通,万一有警,策应亦速;长峪四山高耸,设守颇易",故"改长峪把总专在横岭驻扎,兼管长峪操备。所有白羊口堡照旧只设把总,合无改居庸把总夏爵补用"。次年,兵部同意桂荣提议,"一为白羊守备往来提调镇边等处,一为横岭、长峪通怀

来诸口,而横岭较近,防守当先。宜令长峪把总每年六月至十月屯横岭,十一月至明年五月驻长峪,仍许相机通变"。二十八年(1549年)四月,"天寿山、黄花镇以及镇边城一路,官军督练,及秋赴关,扼险以固居庸之守,改横岭把总为守备分以白羊戍卒百人,以塞怀来之路"。三十二年(1553年)三月,《明世宗实录》"巡按直隶御史黄李瑞上言,居庸关、镇边城,连络横岭,虏所必由……其镇边守御千户所旧属白羊,宜就近改属横岭守备,便兵部议覆,从之"。四月,《实录》载"镇边、长峪、横岭三城最为要害,今止设守备一人,把总二人,权轻兵寡,不堪战守。白羊口僻在一隅,虏所不至,反设游击一人,守备一人,殊为失策,宜将白羊口游击移驻镇边城分所部各千人,助守镇边长峪横岭三处,白羊口止留守备亦足防御矣"。综上,此阶段的防御重点由近居庸关的白羊城转向远离居庸关近怀来方向的镇边、横岭。

昌镇设镇期间,居庸关由总兵、副总兵镇守

嘉靖三十年(1551年)至三十八年(1559年),昌镇从设镇萌芽期到定制的近10年间,镇守总兵官也并非从一而终地镇守昌平。居庸关也一度以副总兵、总兵官镇守,如嘉靖三十三年(1554年)十月,命镇边城右参将王臣充副总兵镇守居庸,昌平以原任大同总兵张坚充右参将代之。嘉靖四十年(1561年)四月,改镇守居庸总兵官署都督佥事云冒镇守辽东,命五军营副将署都督佥事何淮充总兵官镇守居庸、昌平等处。同年九月十三日,俺答进犯居庸关,参将胡领镇将其击退。崇祯十六年(1643年),唐通亦为总兵官镇守居庸关。"十七年(1644年)癸巳,封总兵官吴三桂、左良玉、唐通、黄得功俱为伯。甲午，征诸镇兵入援。乙未，总兵官唐通入卫，命偕内臣杜之秩守居庸关"。由此，笔者认为，虽然昌镇定制即嘉靖三十八年（1559年）之后，居庸关由分守参将管辖成为定式，但居庸关的防守级别一度也曾达到镇城级别。

居庸关军事防御职能系统

前线作战系统

长城前线作战系统防御工程的构成要素，一般由长城主体—关城隘口—敌楼墙台等不同等级、不同形式和不同用途的建筑互相配合，彼此衔接融会于一体，依山势、据险地而设计的完整防线。

御敌防犯之本——长城

"今日御虏之策，莫先于守。其所以为守之计，莫急于修边。"明代在长城外或挖堑，或设陷马窖，或掘品坑，或筑城，使敌人不易接近，形成一定的防御纵深；长城之上则有敌台、垛墙，使敌难于登墙，便于防守；长城之内设兵营，随时支援敌人攻击之地。如此，长城内外共筑为一个有纵深、有层次的防御整体，长城则成为边防的第一道防线。正如黄麟书所著《边塞研究》中说："长城，在绵亘不绝的崇冈峻岭之中修筑，构成一道坚固的屏障，其内向中国之一面筑有壁垒，外向边界之一面筑有墩台，以其为防御外敌。"正所谓："王公设险以守其国，御戎上策其出此乎！然险而曰设，必因地势之险而用人力以修为之也；又曰以守者，盖守不可以无险,而险不可无兵以守也。"居庸关和八达岭附近的长城,乃建造于悬崖之上,地位十分险要。城墙表面用砖石砌筑,内部填以泥土碎石,顶面铺以方砖,极为坚固,在明代长城中是很有代表性的地段之一。

列戍屯守之城——关隘

在以冷兵器作为主要作战工具的古代,军事战争中大多使用车兵和步兵。而车兵只适合平原地区作战,不能登山。若阻塞山间孔道,则战车无法通过。在具有战略性喉吭隘口之处,建造雄关,把截山口,连关口以边墙,并在边墙内侧建筑战守相宜的各层级聚落堡寨,以供驻守指挥将领、戍卒宿营战守之用。居庸关所在北京西北地区,为燕山山脉和太行山山脉相连的崇山峻岭,其间有许多天然峡谷和山间小径,守疆一方便利用峡谷和山间孔道建筑关隘以连接长城,增强军事防御功能。

关城隘口是长城防御体系的骨干中坚力量,所以在建明伊始,就由大将在各战略要地建筑关城。在北方修建的第一座雄关便是居庸关城,洪武二年(1369年)徐达在居庸关旧址垒石为城。洪武五年(1372年),修建第二座雄关嘉峪关城,位于控扼河西走廊的西端。十四年(1381年),徐达发燕山等卫屯兵15100人,修筑永平界岭等32关。次年,徐达视察山海关地形,深觉此地"枕山襟海,实乃蓟辽咽喉",于是移关于此,山海关成为护卫京师东部的"天下第一雄关"。

屯兵城按驻将级别、战略地位不同划分为不同等级的城池,由高至低依次为镇城、路城、卫城、所城、堡城,而关城是长

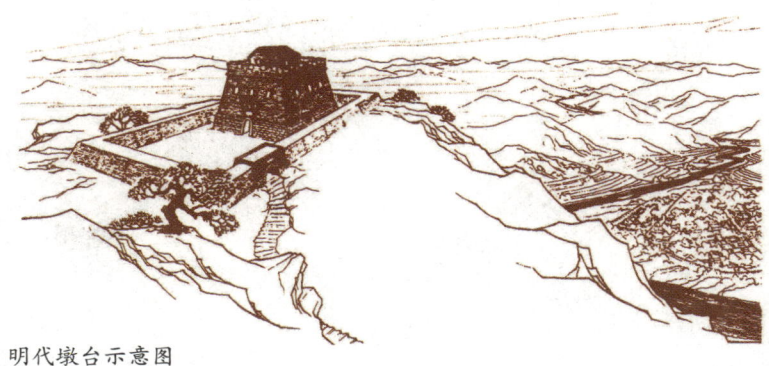

明代墩台示意图

城线上重要的防守据点。关城因所处地理位置、设防级别不同,有可能为镇级,如山海关;有可能为路级,如居庸关,最低级别可至堡城。关城往往设在高山峻岭之上,或深沟峡谷之中,或江河海湾等地方,以能控制险要,用极少的兵力,抵挡较多的敌人,达到"一夫当关,万人难开"的效果。

观察瞭望之所——敌台

敌台是城墙附属的防御性构筑物,敌台或建于长城上,或建在城墙上,是用于战斗、屯兵和瞭望的建筑。长城敌台是在长城城墙上每隔一段距离,就跨城墙而建的墩台,高出城墙之上。敌

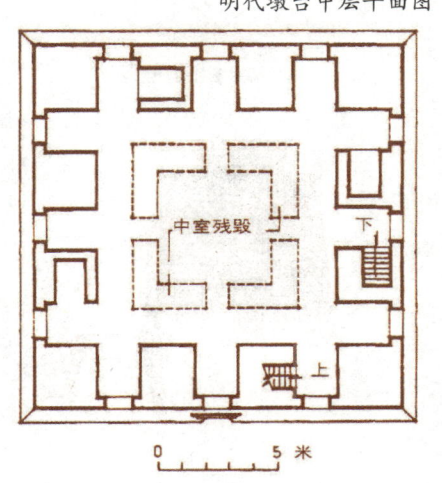

明代墩台中层平面图

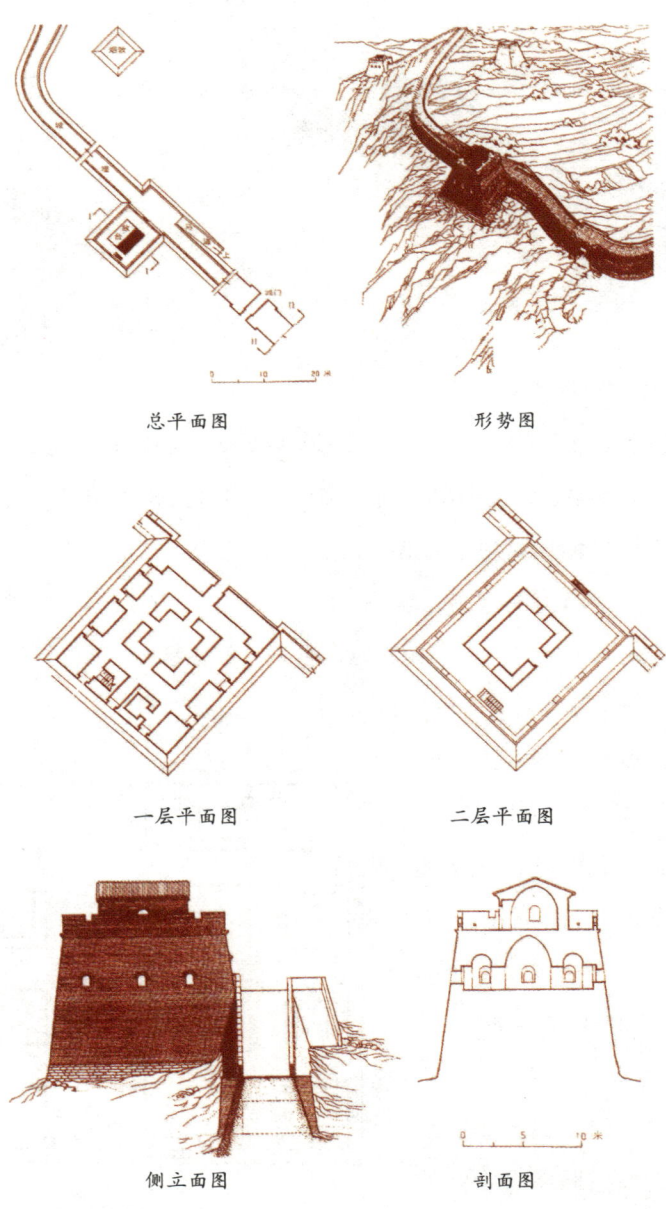

总平面图　　　形势图

一层平面图　　　二层平面图

侧立面图　　　剖面图

明代敌台示意图

台有墙台与敌楼之分，它们防御作用相同，皆凸出墙身之外，仅以高低之分，高的叫敌楼，可为兵士提供休憩住宿之所，低的称墙台，即为兵士巡逻放哨的地方。敌台并非长城专有，至少在战国时，它已经普遍用于城墙防御。名称首见于《墨子》之《备梯》与《备高临》二篇，其中所述"行城"者即是。北宋曾公亮在《武经总要》中说敌楼是建于马面上，向外悬挑的木结构高台，每面一间二柱或三间四柱；向外三面安装厚木板，开箭窗；上面铺木椽，做平顶；顶上覆厚土以防矢石；有的部位还裹以牛革以防火箭。

敌台作用 戚继光在《练兵实纪》中说："先年边墙低薄倾圮，间有砖石小台，与墙各峙，势不相救。军事暴立暑雨霜雪之下，无所籍庇。军火器械如临时起发，则远关不前；如收贮墙上，则无可藏处。敌势众大，乘高四射，守卒难立。一堵攻溃，相望奔走，大势突入，莫之能御。"为克服上述边墙的缺点，"继光巡行塞上。议建敌台"。敌台的建立使守台之军有了遮避风雨之处，军械粮食也有储藏之所。

敌台建置 修筑墩台，缓者 100 步，冲者 50 步或 30 步建台一座，即两敌台间距离在 80~300 米之间，敌进犯时可相互接应，真正达到"敌矢不能及，敌骑不敢近"，"边备大饬，敌不敢入犯"。如八达岭长城上，间隔数米或者遇有险要及拐角之处，便设有敌楼、墙台等高低不同的"堡垒"。每台平时以 5~10 名以台为家的南方士卒防守，吃住均在台上，春秋两防时，增至 30~50 人，严密防守。台设百总 1 人，专管调度击敌；台头、台副各 1 人，专管军器辎重。每 5 台设 1 名把总，10 台设 1 名千总，组织严密，

节节而制。

居庸关敌台修筑 隆庆三年（1569年）正月，谭纶议筑敌台。谭纶认为，蓟昌二镇东起山海关西至镇边城，长城长2400余里，防线绵长，守备单薄，应建敌台。隆庆五年（1571年）八月，第一期修筑的敌台竣工，蓟镇西起石塘（在今北京密云北）东至山海关共建台818座，昌镇东自黄花城西至镇边城建台199座，合计共建1017座，台台相应，构成了较严密的长城防线。第一期修台竣工之后，虽然冲要之处均有敌台，但有的地区敌台尚不足，于是戚继光于万历元年（1573年）二月，上疏请增建空心敌台。经朝廷允许，开始了第二期修建工程，到万历三年（1575年）二月竣工，前后两期共建台1336座，其中蓟镇1093座，昌镇243座，大大加强了长城的防卫作用。蓟镇敌台筑成之后，自居庸关至山海关"二千里声势联结"，"精坚雄壮"。

后勤保障系统

军需屯田之堡——屯堡

军需屯田系统指为了保障军事防御人员的衣食、兵备来源而配备的屯田、冶炼、制盐及贸易市场等。它们或者与驻军堡城合在一起，或者单独建置。军需屯田系统来源于寓兵于农的军屯制度，它是长城防务的一个重要组成部分，也是中央政权戍守边疆的一项战略措施。它们作为军事防御体系的组成部分，往往处于边区的前沿地带，极易成为敌军觊觎获取与伺机破坏的目标，因而在生产的同时必须自保而建立堡寨。按照明初推行的军士屯田制度规定，"边军皆屯田，且战且守"。当时，"养以屯田，栖以营房"，

"择地为营,联房为居,使之出入相友,朝夕相亲"的聚居形式,有力地推动了沿边军事聚落的发展。

屯堡的广泛建筑　屯堡的大范围修筑始于永乐二年(1404年)八月,先在宁夏试运行后,才在各边镇大力推广。洪武时期虽然也设有"屯堡",但并非专门为保护屯田而筑。当时,成祖朱棣谕示宁夏总兵官左都督何福,修筑屯堡,保护屯田,以防外族侵扰。《明太宗实录》记载这一史实为:"宁夏多屯所,虏卒至,恐各屯先受掠。可于四五屯内择一屯有水草者,四围浚濠,广丈五尺,深如广之半,筑土城约高二丈,开八门以便出入。旁近四五屯,辎重粮草皆集于此,无警则各居本屯耕牧,有警则驱牛羊从八门入土城固守以待援兵,则寇无所掠。"这时,已对屯堡的规模形制有所规定,并未对各地筑堡数做出规定,但所筑屯堡也并非随意而修,明人刘焘对边防筑堡事宜如是曰:"如蓟州有一州需要矣,一城恐不足以容众,路远恐不及以奔城。查照地里远近,人数多寡,于适中民多之地,建立大堡。东南西北,各修一堡亦足矣。"并且,"所筑堡城,务要高坚,深厚"。城堡若"泛然而筑,茫然而守",空筑不用,反而劳民伤财,终无实用。因此可因地制宜而设,"每小屯五七所,或四五所",只要近便择地而筑即可。

如此一来,"不论在边在内多筑城堡,许凡军民人户于近城堡地土,尽力开种,使之自赡,永不起科。有警则入城堡,无事则耕。且种且守,不惟粮食足,而边塞亦实"。明廷让边塞居民修筑城堡,以"永不起科"的优厚条件招徕民众,且耕且守,使边疆得以充实，人民安居乐业，一座座居民聚集点成为一座座坚固的屯堡，以防御入侵之敌。同时，屯田亦在某种程度上具备了经济开发的职能，从而为这些军事聚落在一定社会条件下，由军事职能向普通居民点演化提供了客观物质条件。

居庸关屯堡建筑沿革 例如明永乐二年（1404年），居庸关防区内添置隆庆左、右二卫，领千户所五，分布官军屯田于关山南北俾，且耕且守，额军一万四千有奇，以为京师北面之固。在永乐十二年（1414年），明成祖率军北征时，见居庸关外旧隆庆州地"厥土旷沃，群山环峙，遂创州治，迁民以实"。于是鼓励卫州招募民人前来开垦荒地，隆庆卫势力最强，设立的屯田点也最多，当时有72营设立之说。由于屯田制的推行，附近大量的荒地得以开垦利用，农业经济日趋兴旺。特别是由卫所军队担任的军屯发展很快，在驻地附近大量开荒种田，既保证了军粮自给，也巩固了边防重镇的建设。《隆庆志》说，"土木之变"（1449年）以后有近90年太平无事，没有战乱，妫川地区军民杂处，屯营星布，只有少数几处筑有屯堡，其余都是守望互相援救，不筑屯堡。嘉靖十六年（1537年）十月，由于蒙古鞑靼骑兵的大肆抢劫，经略边务大臣督令隆庆州军民各在所居村落建筑屯堡，共建屯堡130多处。

居庸关是通川之道，商贾往来频繁，作为"军屯"的补充，"商屯"也随之相应地发展起来。"军屯""民屯""商屯"的相继发展，有力地加强了居庸关自身建设，并为发展北部地区的农牧业生产、经济文化的交流，保证人民的生活安定以及居庸关城的巩固和发展,奠定了坚实的基础。

军马供应之源——草场

军马供应 官牧和民养的军马,一般的输送规定是"官牧给边镇,民牧给京军","边卫、营堡、府州县军民壮骑操马,则掌于行(太仆)寺卿",可见行太仆寺掌握着最精壮的马匹,以备国家征用。"土木之变"以后,京师和边防的军马匮乏,明廷采取征募藩府的军马以及征募与奖励相结合等办法筹措军马,终于使军马供应有所改善。如正统十四年(1449年)十二月,给五军等营军马8400余匹,居庸关等军马2100余匹。景泰元年(1450年)正月,又给蓟州、永平等处军马1000匹。

发展草场 为了保证军马的牧养,洪武时期开辟了许多牧马草场。《明史·马政》载:"太祖既设草场于大江南北,复定北边牧地:自东胜以西至宁夏、河西、察罕脑儿,以东至大同、宣府、开平,又东南至大宁、辽东,抵鸭绿江又北千里,而南至各卫分守地,又自雁门关西抵黄河外,东历紫荆、居庸、古北抵山海卫。荒闲平野,非军民屯种者,听诸王驸马以至近边军民樵采牧放,在边藩府不得自占。"明廷还规定:"凡牧养栽种地,东至白河,西至西山,南至武清,北至居庸,西南至浑河。"这一范围也就是明上林苑监所属蕃育、良牧、嘉蔬、林衡各署分布和经营的地域。永乐十一年(1413年),朱棣命锦衣等卫、五军等营,在顺天府设置草场,在外卫所也设置一定的草场,供各部于春末夏初牧放在营马匹,至九月终回营,以保障在役军马的放牧。

军事联络系统

连接前线作战的军堡与后勤保障之军屯聚落间的信息传递系统,可分为两类,一类是烽传系统,一类是驿传交通系统。前者指边防戍兵用以传报警而修建的烽火燧台,并在其上燃烟火传递军事信息的系统。后者指在长城沿线设置的驿路军事交通,包括供递送公文的人员或往来官员暂住、换马以及保障军事物资运输安全等的驿路城、递运所、驿站。这些城、所、站等,均修建有坚固的防御设施。随长城修建的无数烽墩、驿站,是古代防卫、通信的重要设施。烽燧与驿传系统有时是并行而进的,当某一烽燧发现敌情时,立即点燃烽燧,临近长城则鸣炮,相邻烟墩随之而动。如此一一相传,顷刻间便尽知敌情。点烽燧同时亦派出驿马,按驿传系统,把军情送达京城。

紧急报警之基——烽燧、亭障

明廷沿用历代的烽燧制度,以加强边防地区各隘口军情声息的传递。洪武二十六年(1393年)规定,在沿边要地,都要设立烟墩,派遣墩夫看守。守备部队要广积秆草,昼夜轮流看望,遇有紧急军情,"昼则举烟,夜则举火",接递通报。"筑墩于边外,所以明其烽燧,瞭其向往,以防胡于未入之先"。烟墩及其设备必须妥善维护,不能因受损坏而贻误军机。

烽燧,明代叫烽堠,亦称烽火台、亭障、烽墩、墩台、烟墩、狼烟台等,是建在长城沿线及内外的微型军事堡寨,除此之外,也会建在交通要隘、山河谷口、驿站沿途和各级指挥部附近的"制高点"。烽墩有的高10余米,长、宽各10余米。墩有的为土筑,有的以砖石包砌，上建铺房，存放柴草。日夜设置守墩之人，白天燃烟，夜间举火，随时报警，以传递军情。有了烽墩的报警，守墙之军就有了战斗准备。

与烽燧筑城有关的文字释义。《史记·正义》引顾胤语："障，山中小城。"《汉书·武帝本纪》注："师古曰'汉制，每塞要处别筑为城，置人镇守，谓之候城，此即障也'。"《汉书·张汤传》颜师古注："障，谓塞上要险之处，别筑为城，因置吏士而为障蔽以捍寇也。"劳榦《释汉代之亭障与烽燧》中说："据《说文》的解释隧是塞上的亭……障的建筑和城的建筑有一个很大的区别，便是城的建筑大小并不一律，形式也不一致；障的建筑却大小形式都是一样的。这是因为城内容纳的居民，多寡不能一致，障却是只容纳吏士，并无居民，所以可以作一致的设计了。"总的说来，亭障是一小城圈，烽台比之更微型，两者皆可算作微型城堡。

烽燧建置　根据《太白阴经》卷五烽燧台篇记载："明烽燧于高山四望险绝处置，无山亦于平地高回处置。下筑羊马城，高下任便，常以三五为准，台高五丈，下阔三丈，上阔一丈。形圆，上盖圆屋覆之。屋径阔一丈六尺，一面跳出三尺，以板为之，上覆下栈。屋上置灶三所，台下亦置三所，并以石灰饰其表里。复置柴笼三所，流火绳三条。在台侧上下，用软梯，上收下垂。四壁开孔望贼及安置火筒。……一烽六人，五人烽子递知更刻，观望动静。一人烽卒知文书符牒传递。"

明戚继光《练兵实纪杂集》拟启用烽燧，他说蓟镇因以险可恃，很久都未修烽火了,并拟呈会督抚参酌裁定:"凡无空心台之处,即以原墩充之,有空心台所相近百步之内者,俱以空心台充墩。大约相去一二里梆鼓相闻为一墩。每墩设军五名,计减滥设墩军不下数千,省费不赀。墩之相去惟以视见听闻为准,不相间断。"

居庸关烽燧、亭障 《延庆县志》也有记载烽燧之建置:天顺二年(1458年),申明守瞭官军之禁,"凡边方山川城堡,疎远空阔处,俱筑烟墩,高五丈有奇,四围城高一丈五尺,上设悬楼垒木,下设壕堑钓桥,外设塌窖赚坑,门道上置水柜"。

墩台具备自我防御功能,是长城防御体系的重要组成部分。墩主要分为火路墩和边墩,火路墩设于长城沿边,以传递军情信息;边墩则设于近边,以便加强防御。洪武九年(1376年),仅在居庸关至松亭关之间,就建"烽堠相望者一百九十六处"。并"敕燕山前、后等十一卫,分兵守古北口、居庸关、喜峰口、松亭关烽堠百九十六处,参用南北军士"。可见烽燧在长城防御设施中有着重要的地位,有了它,军情能迅速传递,京师和府、州、县等处就能从速派遣援兵。

烽燧的形式是一个单独的台子,建筑材料各异,有用土夯筑而成,有用石垒砌,还有用砖石砌筑;建筑形态分多种,有圆形、方形、圆锥形等;烽燧与长城的位置关系也有所差别,有的设在长城外面,作为长城的前哨信号站,有的设在长城以里;距离则根据地形地势与战略地位,一二里设一烽,或十五里一烽,也有三十里一烽,互相连接。烽燧上筑有守望房屋和燃放烟火的设备,台下还有住房、马圈和仓房等建筑。

军情传递之站——驿传、急递铺

驿站与急递铺是朝廷发号施令，边将呈送奏请、报告的重要邮传设施，亦是"固守封疆"必不可少的联络手段。明代邮驿制度承袭元制，元政府设置驿站和急递铺的目的，在于"通达边情，布宣号令"。据杨正泰先生《明代驿站考》分析："明代驿递机构有驿站、递运所、急递铺三种。明初，递运所主管运送物资和使客，急递铺专司递送公文，驿站则递送使客、飞报军情、转运军需兼而有之。明中叶，急递铺逐渐废弃不用，'邮传'任务改由驿站承担。同时，不少递运所又改为驿站，或并入驿站，'运输'任务亦改归驿站承担。于是，驿站担负的任务愈来愈重。综观有明一代，比较三种驿递机构，当推驿站最为重要。"急递铺废弃之前，与驿站是相辅而行的。

驿站、急递铺建置 按明初规定的兵部执掌，全国各驿递机构均隶于兵部的车驾清吏司。明从元制，急递铺之设，每10里或15里、甚至25里设一铺，每铺置铺丁数名，铺与铺间接力递送，一昼夜可行400里。

居庸关驿路 驿站间有驿路相通，以便传递军情、转输军需。驿路的通畅保证了当时国内军情、公文的传递和官员的往来、军队的调动、军需的转输。驿站配置和驿路分布，与交通路线的关系最为密切。明代，蒙古贵族进攻北京的道路，亦是元帝往来于大都与上都间的道路，有东路和西路之分。东路必进出古北口，西路必进出居庸关。

西路出大都健德门（今德胜门）西北行，经双泉堡、清河、唐家岭、榆河、双塔、辛店、龙虎台、南口等地，进入居庸关道。过居庸关城、上关城，"自八达岭而北，地稍平，五里至岔道口，有二路：一自怀来卫、保安州，历榆林、土木、鸡鸣三驿至宣府，为西路。一至延庆州，永宁卫，四海冶，为北路。八达岭为居庸之禁阬，岔道口又为八达之藩篱也……"在《元代两京间驿路考》一文中，将大都与上都间的驿路分为3段，即南、中、北3段，土木驿以南的这段都被看作是整条驿路的南段。

明居庸关防御体系构建层次

于谦认为，"京师实为天下之根本"，所以特别强调京师的防卫，提出了防御瓦剌等进犯的"多层次、大纵深、互相策应"的战略思想。所谓多层次可以分为地理位置和防御级别两方面。

地理位置上的多层次，就是外以大同、宣府、独石、马营、偏头为第一层，中以雁门、紫荆、居庸、古北、山海等关口为第二层，内以列营九门之外为第三层。第一层距京师最远，为第二层各关口的藩篱，地位非常重要。如果其中某一处出现疏虞，而在敌人进犯时受挫，整个边防的大局都会受到牵连，因此"遇有贼寇来攻，务要相机守战"。假如敌人攻破前一层防线，深入内地，那么就要设法堵截和袭击敌人，可支援前一层防线，并在前一层防线与后一层防线之间形成对敌夹攻之势，将敌人歼灭在两道防线之间。另外，明廷在京畿城镇保定、真定、易州、涿州等地部署重兵，"修守城池，应援内外"。这就使紫荆、倒马等关口的防守更加坚固，使京畿地区有适当兵力抵御敌人入关骚扰，使京师的防守能迅速地得到外部支援，以夹击敌人。

丘浚也认为要加强层次防守，特别强调加强两道防线的防守。一道防线是太行山从西向北延伸，经居庸关而东一直到辽东的医巫闾，为一道天然防线，丘浚称其为"第一层之内藩篱"；另一道防线是东起旧大宁界越宣府、大同、代州之境而西至于保德州（今属陕西）之黄河，丘浚称其为"第二层之外藩篱"。对于这两道防线，丘浚提出要设险防守。第一道防线为重岗连阜，高山峻岭，蹊径狭隘，林木茂密，敌骑难以驰突的天然屏障。第二道防线有些地方没有天险。对这些没有天险的地段，丘浚建议修筑长城，经过几年努力，这道防线也成为有险可恃的防线。

防御级别多层次，即指上由各镇等高级别防御体系的联防，下至长城沿线各个关口之间的协同作战，使各关之间"外为边境之应援，内为京师之屏蔽"。如果敌人分散袭扰边境，各要地关口将领就调遣官军，乘虚掩袭，或夜间剿捕，或设伏堵截，挫败其前锋，遏止其袭扰。如果敌人大规模入侵，一地之兵难以对付，就要一方面坚壁清野，持重自守，另一方面各重镇之间也互为策应，如延绥应援山西，宣府应援大同，宁夏应援延绥，固原应援宁夏等。集中优势兵力歼灭来敌，或迅速报告朝廷，派大军应援，挫败其进攻。

历史证明，居庸关无疑具备"一夫当关，万夫莫开"的雄关之势，更兼具防御性关隘"进可攻，退可守"的机动性。但是，这并非就可说，单凭独独一座居庸关就可以完全实现其军事功能，它对北京城的屏蔽作用必须和其他相邻各镇卫所、关隘相辅相成，互为掎角。如居庸关所属的昌镇与蓟镇、宣府镇、真保镇等各镇分路之间相互协防，居庸关与紫荆关、倒马关、古北口及山海关等邻近各关之间也是遥相呼应的。因此，居庸关的防御体系的构建具有一定的层级关系。

居庸关与相邻各镇防御体系构建

明时，长城沿线的战争此起彼伏，尤其是京师周边的长城防线局势更为紧张，为利于统一作战，便调节、辖制相邻各镇，分区屯田，逐线设防，使军队首尾相响应，统一部署。居庸关作为昌镇与北面宣府镇、东面蓟镇、西面真保镇的枢纽，即是这几镇兵力联防调动的重要出入口，它们东西连属，南北交接，既有各自的防区，又互相衔接，多镇合力，攻守结合，彼此共济，往来策应，直接护卫着北京的安全。

昌镇

昌镇北枕居庸，东肩渤海，西接横岭，百二山河，京师及帝王陵寝，在其脚下。居庸关、八达岭、镇边城，素称天险，黄花镇、慕田峪、灰岭口，皆为极冲。居庸关以及居庸关防区的绝大多数关城与隘口，皆隶属于昌镇的居庸路和横岭路。

黄花路居昌镇东侧，参将驻黄花城。黄花城位于宣府镇四海冶与居庸关之间，东连怀柔、密云，西接延庆，北通内蒙古高原东部，南蔽昌平，为京师的北部藩屏。明《长安客话》描写黄花城的形势为："黄花镇正为京师北门。东则山海，西则居庸，其北切邻四海冶，极为紧要之区。故弘治中遣总制严兰经略东西诸关，一自黄花而东，历密云、马兰、太平、燕河至山海关止，一自黄花而西，历居庸、白羊、紫荆、倒马至龙泉关止。"顾炎武在《昌平山水记》中亦云："黄花镇城直天寿山之后，为长陵玄武，为京师北门，当居庸、古北二关之中，而北连四海冶，昔人所谓拥护山陵，势若育背者也。"黄花城西面的延庆，地处居庸关之北，经常受敌寇侵扰，为多事之地。黄花镇为其东邻，岂能安枕。况且明皇陵恰当其南，须加倍谨慎防护。此外，倘若敌骑企图从延庆东犯蓟州一带，黄花镇便首当其冲。由此之故，明朝对此地防务极为重视，驻重兵戍守。黄花城附近最高峰风驼梁屏蔽于北，白河支流怀九河环流于东、南，此种形势有利于战守。唯西部地形平缓，无险可恃，易为敌人所逞，故建有隔垣二重：一重称头道关；二重称二头关，关之西则有撞道口堡、鹅子峪堡、西水峪堡等大小6座城堡，以加强防御。

东与蓟镇联防

蓟、昌原本一镇，因此，它们的关联最密。明杨博在《责成蓟、昌、辽、保诸镇边臣及时修饬边备疏》也提到蓟、昌二镇的重要作用："照得蓟、昌二镇拱护陵京，根本腹心，比之九边事体特重。"明代视九边防卫为护国之根本，他认为蓟、昌二镇拱护陵寝的作用甚至比九边事宜更重，蓟、昌二镇的战略作用不言而喻。况且，昌镇本就是出于朝廷护守陵寝的需求才从蓟镇分设出，昌、蓟二镇诸险关隘口连环形成对陵山的团守态势。

蓟镇长城也被称为"九边"之冠，军事聚落修筑最为坚固，分布密度也最大，军事防御体系处于主导地位。《四镇三关志》中记载蓟镇的疆域为："东自山海关达辽东界，西抵石塘路并连口接慕田峪昌镇界，延袤一千七百六十五里。"总兵官驻守在今迁西县三屯营，下设12路驻守，自东向西分别为山海路、石门路、台头路、燕河路、太平路、喜峰口路、松棚路、马兰路、墙子路、曹家路、古北路、石塘岭路。蓟镇将领配置据《明史·职官志》载：镇守蓟州总兵官1人，旧设。隆庆二年（1568年）改为总理练兵事务兼镇守，驻三屯营。协守副总兵3人：东路副总兵，隆庆三年（1569年）添设，驻建昌营，管理燕河营、台头营、石门寨、山海关4路。中路副总兵，万历四年（1576年）改设，驻三屯营，带管马兰峪、松棚峪、喜峰口、太平寨4路。西路副总兵，隆庆三年（1569年）添设，驻石匣营，管理墙子岭、曹家寨、古北口、石塘岭4路。分守参将11人：通州参将、山海关参将、石门寨参将、燕河营参将等。游击将军6人，统领南兵游击将军3人，领班游击将军7人，坐营官8人，守备8人，把总1人，提调官26人。12路沿长城线呈带状分布，东西向漫长防线上的众多关口都能在各路内分段防守，由各路所属提调负责，便于迅速调集兵力指挥作战。

杨博《责成蓟、昌、辽、保诸镇边臣及时修饬边备疏》提到嘉靖庚戌以后蓟、昌二镇边境形势曰："自嘉靖庚戌以后，每岁四时，无时不防，而秋防尤为吃紧，东西二虏，无岁不窥。"二镇边境形势严峻，虽然每年四季，无时不防，但是防秋仍是重中之重。就此，他还建议邻镇间应互相声援，一镇遇敌寇，虽然它已预先分配兵力守各边墙要冲，同心同力，自然是可以保成全的。但是，为了以防万一，不得不再多加思考，邻镇兵马也必须事先准备，以便随时受命支援，这样才能确保临危受命也不贻误军情。

杨博还列举辽、宣、保等几镇共同声援蓟、昌的具体方案策略："合无行辽东抚镇官张学颜、李成梁，保定抚镇官宋缥、李勇，宣府抚镇官孟重、赵岢，各将所部精锐人马，一面时加选练，不许离局，一面差人于蓟、辽军门探听。土蛮但有侵轶古北口、石塘岭、黄花镇一带消息，张学颜、宋缥、孟重仍各防守本镇。李成梁由山海关自东而西，李勇由保定自南而北，赵岢由居庸关自西而来，宣大总督尚书王崇古，亦照原奉钦依事理入关应援，大率以保护陵京为主。至于宣府、大同之镇城，阳和之会城，仍要多留兵将以防西虏反侧之虞，内辽、保二镇之兵，原系蓟、辽军门节制，虽径可调遣，非得仰仗天威，特勤天语，人心未免怠缓，少误事机，关系不轻。"

昌镇升格独立，是明廷加强京师安全，强化防御能力的同时，又避免军权和防区驻地过于集中而采取"一箭双雕"的措施。在地理系统中，昌平地处京师西北，恰逢蓟镇与宣府镇的交汇点，又正位于出居庸关沟后随即通往京城的小平原上。

从军事防御的角度来看，昌平似乎更应归于宣府镇。但是明廷却让它与京东蓟镇相联结，意图加强京城北部由西向东的防御一体化。如此，昌镇既成为宣镇与蓟镇密切配合的联系通道，又构成两镇结构性的牵制。

奏请修建边墙和敌台也往往蓟、昌二镇同时进行。如隆庆三年（1569年），谭纶、戚继光便上疏请修蓟、昌二镇边墙，很快，朝廷便准奏。仅隆庆三年一年蓟、昌二镇共造完敌台472座，其中蓟镇367座（密云兵备道辖区155座、蓟州120座、永平92座），昌镇105座。到隆庆五年（1571年）夏天，蓟镇从山海关到石塘岭共建台818座，昌镇从黄花镇（在今北京怀柔西北）到镇边城（在今河北怀来西南）建台199座，共1017座。这使得蓟、昌二镇"各路边山，但系要害之冲，可通大举者，今悉控扼无余矣"。到隆庆六年（1572年），第一期造台工作基本完成，蓟、昌二镇共建台1206座。同年，戚继光提出鉴于滦河以东、居庸关以西某些地段敌台不足，请求再增筑敌台200座。朝廷于万历元年（1573年）批准，于是蓟、昌二镇第二期筑台工程又开始。到万历三年（1575年）工程完工，二镇先后共建敌台1336座。此后第三期工程，到万历九年（1581年）完工。至此，蓟镇共修敌台1194座，昌镇共修254座。从此在蓟北大地边墙上巍然屹立起1400余座敌台，相互联络，蔚为壮观。

北与宣府镇联防

宣府镇自古是扼守中原通往漠北的捷径，历来是兵家必争之地，战略地位十分重要。尤其是明建都北京后，九边之中，宣镇长城防区的地位更是重中之重。它地处燕山南麓，北依内蒙古高原，南临华北平原，源于山西、内蒙古两省区的洋河、桑干河自西向东纵贯全境。顾祖禹在《读史方舆纪要》中论宣府镇长城地理形势时说：宣府，"南屏京师，后控沙漠，左扼居庸之险，右拥云中之固"，诚边陲重地。明《九边图论》中称："宣府山川纠纷，地险而狭，分屯建将倍于他镇，是以气势完固号称易守，然去京师不四百里，锁钥所寄，要害可知。"宣府确为拱卫京畿，扼蒙古敌寇南下的咽喉要地。

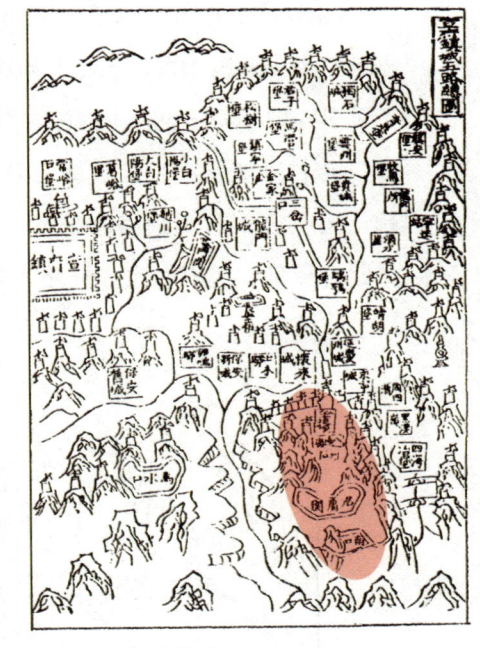

居庸关与宣府镇城

宣府镇边墙，东起四海冶镇南新墩，西至西洋河南土山山西天镇界止，计1116里，边墩1272座，冲口192处。下设东路、下北路、上北路、中路、上西路、下西路、南路、南山路8路管辖。宣府总兵一员，驻宣德城；协守副总兵一员，驻镇城，嘉靖时移驻永宁城。分守参将7人，北路驻独石，东路驻永宁，上西路驻万全，南路驻顺圣，中路驻葛峪堡，下西路驻柴沟堡。游击将军3人，坐营官2人，守备31人。独石、西洋河、柴沟堡、龙门、四海冶、马营、镇安、赤城、张家口、洗马林、万全，皆为通往漠北之要径。明朝初年残元势力南侵，明成祖5次御驾北征，明英宗的"北狩"等，都是从宣镇防区出入。

岔道城为居庸关沟第一道防线，但其隶属宣府镇南山路。据《宣大山西三镇图说·岔道城图说》载："嘉靖三十年（1551年）以警报频仍，议者不得已为护关缩守之计，始筑而城之，随甃以砖。设守备一员，属南山参将，以其与南山共联一边也。蓟、昌有事，军民恒移驻于此。"又载"本城地虽平坦，逼临山险，楼埔俱砖石甃砌，亦足为居庸外藩"。岔道外临外边墙，

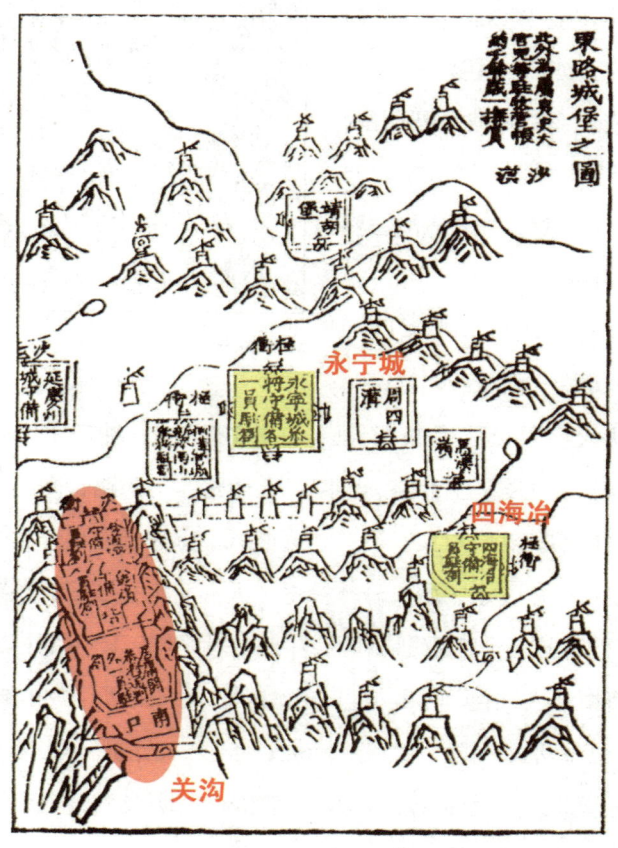

居庸关与宣府镇城东路

四十里关沟共筑有 5 道边墙，3 座关城和 1 座岔道城。如此层层设防分道把守，使京师西北及陵区的安全系数增高。

于谦曾说："宣府是京城的屏障，居庸关则是京城的门户，现在我朝边防空虚，万一也先乘虚侵占宣府，用以作为他的巢穴，京城能够安然无忧吗？"可见，宣府镇与居庸关这个方向的联防是非常重要的。

西与真保镇联防

真保镇长城也是为加强京师防务，于嘉靖三十年（1551年）增设的。《四镇三关志》所载真保镇疆域："东自紫荆关沿河口，连昌镇镇边城界，西抵故关鹿口，接山西平定州界，延袤七百八十里。"以沿河城永定河为界，东岸分属昌镇，西岸分属真保镇管辖。真保镇下设马水口路、紫荆关路、倒马关路、龙泉关路 4 路镇守。真保镇将领配置据《明史·职官志》载：镇守保定总兵官 1 人。弘治十八年（1505 年）初设保定副总兵，后改为参将。正德九年（1514 年）复为分守副总兵。嘉靖二十年（1541 年）改为镇守。三十年（1551 年）改设镇守总兵官。万历元年（1573 年）令春秋两防移驻浮图峪，遇有警，移驻紫荆关，以备入援。分守参将 4 人，分别是紫荆关参将、龙固二关参将、马水口参将、倒马关参将。游击将军 6 人，坐营中军官 1 人，守备 7 人，忠顺官 2 人。真保镇为直隶三关之要，内以通迩京师，外以屏蔽边塞，形同锁钥。倒马、龙泉、浮图、井陉、紫荆乃真保之肘腋；乌龙沟、固关、狼牙口、大龙门、金水乃皆其要害。真保之紫荆、倒马二关与昌镇的居庸关并列为守卫京师的"内三关",共筑控扼京师的天然"屏障"。

蓟镇、昌镇、宣府镇、真保镇以及山海镇被唐国尧称为明代边墙"京畿五镇"。实际上,山海镇增设于万历四十六年(1618年),其防区,"乃割蓟镇东协四路属山海关",即山海、石门、燕河、建昌四路。除山海一镇,其余四镇防区及长城均含今北京政区。"京畿五镇"实为京畿四镇,它们共同构筑了从西南向东北方向保卫京师的屏障,各镇独立防守,又互为增援,为巩固京师的安全立下汗马功劳。

与相邻各关防御体系构建

建明后不久,明太祖便命修缮长城沿线的居庸关、山海关、紫荆关等重要关隘。《读史方舆纪要·直隶》记载说,徐达在攻取元大都后不久,便在山海关"筑城置卫",使之成为"京师之保障",并在洪武十四年(1381年)修建山海关城。洪武二年(1369年),在居庸关"垒石为城,以壮幽燕门户"。五年(1372年),大将军冯胜下河西,修筑了嘉峪关城。明初还对紫荆旧关"撤而新之,城高池深,足称雄固,当居庸、倒马(关)间,实为辅车之势"。长城沿线各关城间独立防守,又彼此联合,相互策应,一关有难,八方来援,构建了稳定的长城整体防御体系。

居庸居"中"的联防

古北、居庸、紫荆

明人丘浚曰:"汉之边在北,咸阳去朔方余千里,唐边在西,

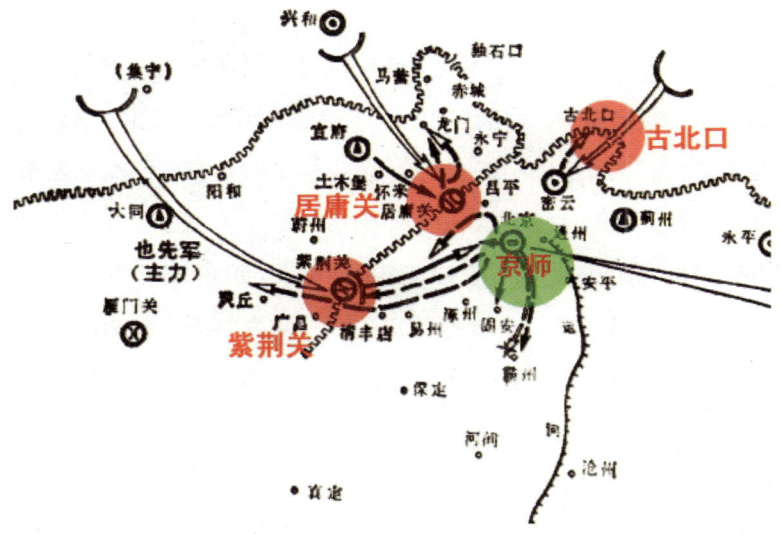

明军保卫北京作战示意图

长安去吐蕃界亦几千里焉。今京都北抵居庸，东北抵古北口，西南抵紫荆关，近者百里，远者不过三百里。所谓居庸，则吾之背也；紫荆，则吾之吭也。据关中者，将以扼中国之吭而拊其背。都幽燕者，切近于北狄，则又将恐其反扼我之吭，而拊我之背焉。所以防蔽之者，尤当深加之意。盖制人而不得，犹不至于失己，守己而或有所失，则其害岂但不得于人而已哉。"这段话大抵说清了北京的军事地理形势：位于北边，三边近塞，距敌太近，近则百里，远者也不过300里，与汉唐首都关中距边塞数千里无法相比拟。近边，则容易被人所制，所以古北、居庸、紫荆三关的重要战略地位愈发突显，不仅各关设防严密，关与关间共同联防亦不可忽略。

山海、居庸、紫荆

《长安客话》"三关"条下列居庸关、紫荆关与山海关，山海在东，居庸居中，紫荆于西，"国家建都幽朔，毋论山川峙灌，险甲寰区，而紫荆扼飞狐之吭，居庸拊上谷之背，山海掣玄菟之肘，其因地利而尽人谋，可谓千古石画。"玄菟是汉武帝时设立的东北方的郡，辖今辽宁大部及朝鲜北部的部分地区，山海关是扼守北京东北方向要害的雄关；上谷为燕国所设之郡，居庸关扼守太行之第八陉；紫荆关位于北京西南，在河北易县的拒马河畔，是扼守太行山第七陉飞狐陉和第六陉蒲阴陉的军事战略要地。

紫荆关位于河北省易县城西的紫荆岭上，关也因此而得名。关城位于内长城东侧，东有太行山群峰耸立，北有拒马河水为阻，地处险峻，"崖壁峭矗，状如列屏"。关居要津，是从山西越过太行山进入华北平原的重要通道，为控扼"太行八陉"第七陉——蒲阴陉隘道的中枢，易州之巨防，北京的西南门户。清《嘉庆一统志》描述紫荆关的形势："路通宣（府）、大（同）各四百七十里，共有大小隘口一百五处，山谷崎岖，易于控扼，为京师西偏重地。"紫荆关防守疆域为："东至易州九十里，西至山西广昌县七十五里，至大同府五百里，北至沿河口居庸关界三百里，至宣府四百五十里，西南至插箭岭一百二十里，东南至保定府一百八十里，东北至京师三百里。"紫荆关与居庸关在沿河口处对接。

柱史氏曰："予生长云中，盖闻古今要害详矣。顷尝按治关戍，北登居庸，东瞰山海，俯临绝漠，蹑紫荆而西也。"曰："嗟乎！此非所谓天险者哉！一夫毕力，可以亡患。如使守臣悉升等，丑虏安从至哉！"又见明孙继鲁所言："紫荆、居庸、山海诸关，东枕溟渤；雁门、宁武、偏头诸关，西据黄河。天设重阴，以藩卫国家，岂可聚师旷野，洞开重门以延敌。夫紫荆诸关之拱护京师，与雁门诸关之屏蔽全晋，一也。"可见这三关，对于控制北京北部与西部边防重地有着非同寻常的意义。

居庸以"西"的联防

居庸关、紫荆关

《读史方舆纪要》记载于谦所言："险有轻重，守亦有缓急，居庸、紫荆并为畿辅噤喉。论者常先居庸而后紫荆，不知寇窥居庸其得人者十之三，寇窥紫荆其得人者十之七。正如秦人守函谷而不知武关不固，咸阳遂倾。蜀人守剑阁而不知阴平已输，成都先丧也。欲保京师，则紫荆不可不防。"于谦此言，一语道破两关的密切关联及其地形之险易差别。

紫荆关距京师虽然较居庸关远，不如居庸的军事战略地位重要，但从其与居庸并为畿辅噤喉观之，紫荆对于屏蔽京师也至关重要，其一旦失守，则敌"疾骑抵运道，不数日可至"。因此，紫荆关自古为京师的"西偏重地"。北方游牧民族凡欲问鼎中原，不是南下"直捣居庸"，就是迂回紫荆，"南扼其吭"。元人所谓"劲卒捣居庸，北拊其背，大军出紫荆，南扼其吭"的著名战略即于居庸、紫荆两地，宋嘉定二年（1209年），蒙古骑兵攻打居庸关未果，主力便绕道紫荆关，一举拔下涿州、易州，尔后又迂回到南口，南北夹击居庸关，终获成功。

另外，明代许多军事家也认为紫荆与居庸应并重防守，如丘浚从也先进攻北京的战争中吸取教训，并强调不要只重视居庸关而放松紫荆关的防守，特别提出要加强重点关隘的联防。又如杨博，他建议，堵塞银钗、驿马诸岭，以便断绝敌寇窥探紫荆的道路；在居庸关南山设防，以便断绝敌寇窥探皇室陵寝京畿的道路。

历史上，蒙古骑兵多次取道紫荆关南下骚扰并屡屡得逞。原因在于紫荆关隘口较多，间道纷歧，加上拒马河东西穿切，河谷地带成为良好的天然通道，给关城的防卫造成一定的困难，所以蒙古骑兵多次避实就虚，取道紫荆关。到了明代，据《读史方舆纪要》载：紫荆关"控扼西山之险，为燕京上游，防戍最切"。统治者在总结历史教训基础上，大力加强这一带的防御工事，在紫荆关以西增筑城堡，新辟三里铺要口，沿河围筑新城，使紫荆关"备御益密"。从此以后，蒙古骑兵虽多次取道紫荆关入侵，但皆止于关城之下，未能越雷池一步。

明正统十四年（1449年）发生"土木之变"，因居庸关和紫荆关是也先率领的瓦剌军从西北与西南进攻北京的必由之路，明廷命罗通守居庸关，孙祥守紫荆关。罗通相度形势，主张居庸大小36个隘口宜增加守卫兵力。《明英宗实录》中记载：两个月的时间里，守卫居庸关的兵力，已由9000人增加到19000人，而守卫紫荆关的兵力，由7000人增加到12000人。虽然短时间内明廷加强了居庸关和紫荆关的防御，为保卫北京的准备工作争取了时间，但是由于在此之前明廷未重视紫荆关的防御，使也先得以挟英宗自大同南下，从间道突破紫荆关，直抵京师西直门外。

也先这次进攻,采取了兵分两路,南北夹击,长驱直入,进逼北京的方略。南路也先亲自率领,是进攻的主力,挟持太上皇,经紫荆关进攻北京;与此同时,北路的也先别部,攻入居庸关西路白羊口。《明英宗实录》载兵科都给事中叶盛言:"以往事言之,独石、马营不弃,则乘舆何以陷土木,紫荆、白羊不破,则虏骑何以薄都城。"明军在兵部尚书于谦的指挥下,英勇奋战,终于获得了北京保卫战的胜利。此后弘治、正德、嘉靖年间,历朝皇帝都极为重视居庸、紫荆的防御。

居庸、紫荆、倒马——内三关

在居庸、紫荆二关基础上向西延伸,增加倒马关,"内三关"防御体系使京师以西的防御更加完备、坚固,互为掎角,从而成为名副其实的"京师西偏重地"。倒马关在河北省唐县西北部,

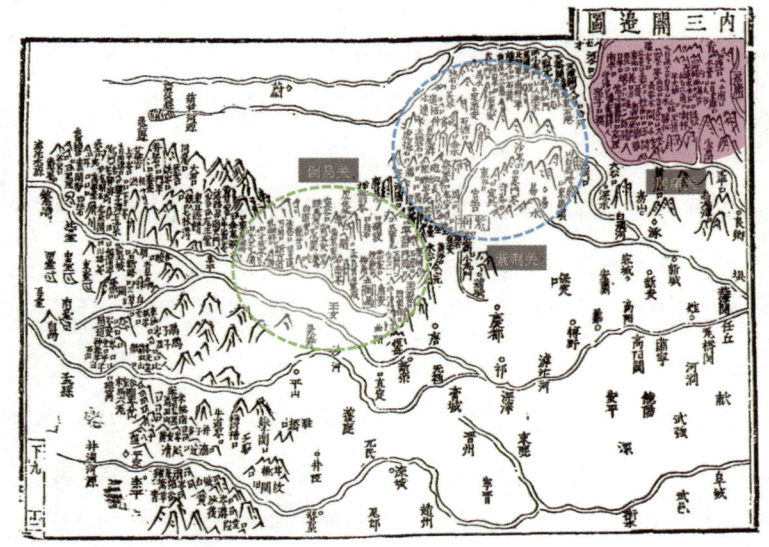

内三关边图

唐河绕流其旁。"山路险峻，马为之倒，因名。"倒马关置关较早，《战国策》称其为鸿上关，汉称常山关。倒马关与居庸关的渊源始于东汉，汉光武帝于建武十五年（39年）"二月，徙雁门、代郡、上谷三郡民，置常山关（倒马关）、居庸关以东"。以防止匈奴的侵扰，由此可见倒马关和居庸关的屏障作用。

居庸至倒马间，修筑有内外两道长城，《边略》载："今自居庸至倒马关南狼牙口，边墙有内外两重，皆与宣府、大同接界。"位于河北、山西两省险峻地带的内长城，被称作"次边"或"内边"，用以护翼京师。沿内长城一线要冲之地，广筑关塞，并布重兵把守。其中最重要的关塞为居庸关、紫荆关和倒马关，又被称作"内三关"，因其逼近京师，故京师恃之为内险。与内三关相对应的为"外三关"——雁门关、宁武关和偏头关，因其于京畿之外，京师恃之为外险。明、清两代，"内三关"为直隶形胜，"外三关"为山西形胜。"西偏有警，必分列戍守于此。"关于"六关"险要地势与彼此密切关联，明代学者章潢在《图书编·六关总叙》中称："居庸隶蓟州，紫荆、倒马隶保定，雁门、偏头、宁武隶山西巡抚。居庸等关本太行山与雁门诸山相断数百里，雁门亘南北，太行绝东西，表里纵横，左右萦带，阃狭藩华，险由天造。"今天，关山险阻，仍具有重要的战略意义。山川地势之险以及古代用兵成败的教训，尤不可忽。

居庸、紫荆、倒马在战略作用上紧密相连，三关形成所谓"辅车之势"。"紫荆、倒马二关隘口多，守御难遍，内达保定、真定，皆平坦旷衍，无高山大陵之限，骑兵便于驰突。惟居庸重冈复岭，关口严固。三关之守,居庸险而实易。"

倒马、紫荆在所处地理位置、对京师的屏蔽能力以及军事战略地位上,皆不可与居庸同日而语。

《修攘通考》"直隶三关"条下,详细记载了明万历初(1578年前后)三关的统领级别、防御设施、兵力配置、马匹粮食供应等方面内容,我们借此可窥见一斑:

统领级别:钦差巡按居庸等关监察御史一,驻京师。都指挥一名,驻居庸。守备5名,分别驻在居庸、白羊口、紫荆、倒马和浮图峪。居庸提领紫荆、倒马两关。

防御设施:居庸关,隶蓟州。所辖撞道等口墩寨86,城2,堡3,分3路,东路撞道口等口13,中路双泉等口36,西路柏峪等口37;紫荆关,隶保定提督,所辖沿河等口76,属春秋轮班,外一层自东而西沿河等口52,内一层自西而东白石等口24;倒马关,隶保定提督,所辖周家堡等口115,关2,东北路周家等口66,西南路龙泉等口51。各关设口疏密除与设防形势相关外,还与地形地势有密切关系,《读史方舆纪要》就说紫荆、倒马二关隘口多,守御难遍。

兵力配置:居庸关城属马步官军13762员名,管辖范围内马步官军2374员名,共计16136员名;紫荆关城属春秋轮班,并备御常守马步官军共5886员名,管辖范围内马步官军1353员名,共计7539员名;倒马关城属常守备冬马步官军共5813员名,管辖范围内马步官军1938员名,常守官军300员名,共计8051员名。从兵力配置上我们也可看出,紫荆、倒马两关相差不足500,而居庸关甚至多于前二关之和。

粮马供应：居庸关子粒米 2060 石，马 482 匹；紫荆关子粒米 1074 石，马 572 匹；倒马关子粒米 1060 石，备冬骑操马 130 匹。

总之，居庸关无论在上述哪个方面，其设防形势及设施供应等都高于紫荆与倒马。从防御的时间段看，居庸关常年驻守，且防区内所辖城堡多于另二关，而紫荆关为春秋轮班，倒马关属常守备冬。居庸关无季节差别，终年常备，紫荆关与倒马关则明显有季节效应。

居庸以"东"的联防

文献资料中居庸以"东"的防线不胜枚举。《钦定日下旧闻考》中就有多处记载："《明实录》，关隘之要有四：曰古北口，曰居庸关，曰喜峰口，曰松亭关。烽堠相望者一百九十六处。""《金史》："居庸、古北、松亭等关，东西千里，险峻相连，近在都畿，易于据守。"宋人富弼说："燕蓟之北，有松亭关、古北口、居庸关，此中原险要，所恃以隔绝中外也。"另据《读史方舆纪要》记载，燕山之地有 5 处重要关隘：易州的紫荆关、昌平的居庸关、密云的古北关、遵化的松亭关和山海关。五关之中唯有居庸、山海二关可通行运粮草的大车，其余三关只可通行人马。可见居庸、山海自古就是咽喉要道。永乐年，成祖朱棣迁都北京以后，自永平、蓟州以西两千余里，布兵防守，并且于松亭关、喜峰口、居庸关、紫荆关等关口要隘之地特设督兵大员，专门负责屯防的事务。对于京畿一带沿边地区各府、州、县之内，但凡可设险之道路、山水，无不作为防守之要冲，屯兵设官，建寨筑堡。

山海关

山海关位于河北省秦皇岛市东北 25 公里处,地处东北、华北的接合部,北倚燕山山脉,南临渤海湾,山海间距仅 7.5 公里,正置海陆咽喉要道,是北京通往东北松辽平原的必经关隘。因此,山海关走廊成为兵家必争之地,有极其重要的军事价值。明洪武十四年(1381 年),徐达奉命修永平一带长城,在此创建山海关,因其故而得名。从地理位置上,为万里长城东部起点的第一座关隘(此种说法现已不成立[①]),且形势上依山连海,易守难攻,所以被誉为"天下第一关"。

古代时,山海关关前是辽西走廊的贫瘠之地,关后是冀东平原的千里沃野。明《长安客话》描述山海关之形势说其"外控辽阳,内护畿辅",《畿辅通志》称山海关:"长城之枕护燕蓟,为京师屏翰;拥雄关为辽左咽喉。"然"凡设险守国,必有城池",山海关城更是具有七城连环、万里长城一线穿的军事城防系统,其建筑雄伟,气势磅礴,布局独特,为我国古代军事防御工程中不多见的一个杰作。山海关素有"两京锁钥无双地,万里长城第一关"之称,绝非虚誉。山海关城与万里长城浑然一体,构筑京东一线坚固的军事屏障,历史上被称为"卫佐京师的东大门"。这对于保卫首都、巩固明王朝的统治起到了重要作用。

居庸关与山海关是蓟镇防御的两界,居庸扼其西陲,山海列

[①] 万里长城的东端起点不是山海关,而是在辽宁丹东虎山长城。

守东端。历史文献中,明廷修筑长城,历次从山海至居庸,由此可见,二关之间的防线,其军事战略地位之重。《山海关长城志》中记载:"《明史》洪武十四年(1381年),徐达发燕山等卫屯兵一万五千一百人,修永平、界岭等三十二关。弘治中,蓟辽巡抚洪钟筑边墙,自山海抵居庸,凡二百七十余处。隆庆中,军门谭纶请筑敌台三千,自居庸东界山海。"嘉靖二十九年(1550年),俺答南下掳掠,即"庚戌之变",翌年,总督何栋提出:"自山海关至居庸关、沿河口,共二千三百七十里,中间应修边墙,并铲崖。"还具体制定了"边墙规格,高一丈五尺,根脚一丈,收顺九尺"。谭纶、戚继光负责东起山海关西至居庸关的边塞防务时,也提出了在边墙上"筑敌台三千,起居庸至山海,控守要害"的方针。

古北口

古北口位于北京密云区东北部,距北京城 100 公里,是燕山中段的一处隘口,是北京的东北门户。从北京出古北口,向北可至内蒙古高原,向东至松辽平原。唐朝时称北口,因地处卧虎山下,故也称虎北口,后谐音而改今名。古北口地处卧虎、蟠龙两山之间,为虎踞龙盘的险要关隘。潮河沿山谷南流,潮河峡谷宽达一华里,两岸悬崖耸立,山势险峻。《密云县志》中说:"京师北控边塞,顺天所属以松亭、古北口、居庸三关为总要,而古北为尤冲。"明隆庆元年(1567年),戚继光任蓟镇总兵之际,即着手修筑和重筑蓟镇长城,军都山、燕山长城直接屏障京师,为此次修筑重点。在这条从东至西,横跨平谷、密云、怀柔、延庆、昌平和门头沟各区的京界长城防御体系当中,古北口、金山岭和司马台体系与居庸关及八达岭体系是两大并列的体系，一西一东拱卫京师。居庸、古北两关间建有慕田峪长城，居庸关位其西翼，古北口控其东陲，长城依山脊逶迤而上，地势险要。古北口与居庸关东西对峙，"居庸当肩背之间，古北在肘腋之下"，俱是华北平原通往内蒙古草原的要道，自古称为雄险，有"地扼襟喉趋溯漠，天留锁钥枕雄关"之美誉。

松亭关

松亭关位于河北省宽城县西南，是北京地区通往燕山腹地的交通孔道之一，出松亭关，向东可到松辽平原，是从东北进入北京的重要通道。辽代自燕京（今北京城西南隅）至中京（今内蒙古自治区宁城县西），大多取道于此。其地形势险要，为南北交通要冲，也是燕山群岭中的一处重要关隘。《读史方舆纪要》说"松亭关在喜峰口北百二十里"，出松亭可抵中京；保松亭则能拒来敌；一旦放弃松亭，敌人则可南攻喜峰，从而威胁京师。在《读史方舆纪要》看来，松亭虽距京师较远，但若敌占松亭，攻喜峰，势将成为京师肩背之患一。

对于北京周围的这种险要形势，《许奉使行程录》中说："幽州之地沃野千里，北限大山重峦，中有五关，居庸可以通大车通转饷，松亭、金坡、古北口只通人马，不可行车。外有十八路尽兔径鸟道，只能通人，不可行马。"五关即是以弧形一线屏障北京由西南而东北的紫荆关、居庸关、古北口、松亭关、山海关，它们自古就是屏卫京师的雄关险隘，"隔阂重边，藩屏中夏"。

这五关南挟华北平原，"五关"之失，无险可守，无法拒敌。

据《辽史·兵志下》记载："辽之为国，邻于梁、唐、晋、汉、周、宋。晋以恩故，始则父子一家，终则寇仇相攻；梁、唐、周隐然一敌国；宋惟太宗征北汉，辽不能救，余多败衄，纵得亦不偿失。良田石晋献土，中国失五关之固然也。"辽、金、元都因据"五关"之地，而能长驱直入，大举南侵，威胁中原。自秦汉、唐以来，在中原农耕文明与北方游牧文明无休无止的你争我抢中，沿长城一线的险峻地势，始终是以步兵为主的中原军队抗击北方游牧民族骑兵部队的天然屏障。若失去这些险隘做战略支撑点，地处中原的京师就相当于失去了中国西南、西北、北部以及东北的山川之险，长城防线若脱离这些战略点，亦成为单薄的战线。因此，欲攻占北京，单独攻破周围这些雄关险隘都并非易事，更何况这一座座关隘联防甚密、互为犄角，愈发凸显北京外围的防备牢不可破。

明《长安客话》边关总目中对京畿的关镇有这样的总述："京东之外镇，营、蓟、辽阳也。京西之外镇，宣、大、偏头也。京东之内险，山海也。京西之内险，居庸、白羊、紫荆、倒马、雁门、宁武、平型、龙泉也。外镇以屯重兵，进与之战，内险以严隘塞，退为我守，斯画一之论也。"也就是说，当时北京长城内外都屯有重兵，作为出击敌人的基地。山海、居庸、紫荆、倒马等各大险关实则是拱卫京师的"内险"，一旦战争爆发，如果敌势强大，京东营口、辽阳一线抵御不住，即可收缩兵力退至山海关，京西宣府、大同等镇如若被突破，亦可退守到居庸、紫荆等关。无论哪个方向，都可利用"内险"之险要形势，固关严守。总而言之，内险与外镇在北京四周共同构筑成一道道由表及里,有纵深、有层次的天然军事屏障。

居庸关军事防御的层级性

明长城居庸关关隘的军防体系,按其防御重要程度和戍守的边界,可分为3个层次:居庸关城—居庸关沟—居庸关防区。3个层级形成了良好的梯次防御部署,可有效御敌进攻。外则居庸关防区内各关隘联防,内则居庸关沟内的纵深防御,最内则居庸关城的重点严防,形成有纵深、有层次的防御部署。

第一层次为居庸关城

"洪武元年,既定燕京,遂城居庸关",为大将军徐达、常遇春建,"关城跨水筑之,有南北二门,前明以参将一人,通判一人,掌印指挥一人守之"。据《四镇三关志》记载的昌镇武阶职官,居庸一路设参将,"洪武三十二年(1399年)设,初为镇守,弘治元年(1488年)改分守,正德四年(1509年)改镇守,越一载仍为分守,嘉靖四十四年(1565年)改参将一员,辖八达、石岭、灰岭三守备地方"。居庸关城,明初设居庸关守御千户所,后升为隆庆卫,仍驻居庸关,宣德时属蓟镇总兵管辖,嘉靖年昌镇从蓟镇析出之前,镇守总兵曾驻居庸关,建昌镇后归其管辖。

第二层次为居庸关沟

居庸关城位于西山与军都山分界的峡谷地段,即太行八陉之一的军都陉。这条狭长的峡谷,因居庸关而名之为"关沟"。《读史方舆纪要》中载,"关门南北相距四十里,两山夹峙,下有巨涧,悬崖峭壁,称为绝险",即《吕氏春秋》《淮南子》中所谓的九塞其一也。居庸关沟乃自南口越居庸关、八达岭通往晋陕北部以及内蒙古高原的天然孔道,想到京师腹地,这里是距离最短、最便捷的通路。从抵御北方入侵之敌、防卫京师的角度看,敌人若要从正面攻击京师,关沟乃是必由之路。因此这里自古便是京西北咽喉要道,而居庸关控关沟之中枢。除居庸关城之外,沿关沟一线还布置南口城、上关城、八达岭城以及岔道城4座防御城池,纵深布局,层层严防,可谓"关外有关,城外有城",城防固若金汤,以御来犯之敌。

第三层次为居庸关防区

由居庸关沟往外围延伸扩展,范围涵盖整个居庸关的戍守边界,即"东至西水峪口黄花镇界90里,西至坚子峪口紫荆关界120里,南至榆河驿宛平县界60里,北至土木驿新保安界120里",横跨昌平、隆庆、保安三州,方圆数百里的区域。居庸关防区以关城为中心,分北路、中路、南路、东路、西路又含白羊口、长峪城、横岭口、镇边城,共8条防线,联合布防,构成网状防御体系。各路所辖隘口多达107处,每路隘口都自成体系,单独设防。

居庸关城—居庸关沟—居庸关防区3个层次军事布防体系,构筑了居庸关关隘"点—线—面"的军事防御性空间,以点控线,以线制面,以达到组织上层层节制,互相照应,彼此配合。"关城"地处关沟中心并屯以重兵,便于调兵遣将;"关沟"狭长的防守地形,配以纵深5道防线,愈发凸显攻城的难度;"居庸关防区"

作为外围防守，配置在关沟周围，构成关沟的辅助防御。

总而言之，居庸关防御体系的构建层次从重镇联防到各级关口再到京师，形成多层次、大纵深、彼此策应、实力充裕的京师防御体系。敌寇入犯，边镇首先抵御，根据敌情出击或固守，居庸关及附近各重镇、关隘内的防守要点进行策应；敌若深入，各关隘也可进行堵截，重镇及关隘内各要点或邀截或袭取，形成夹攻之势，防守要点策应关隘，使敌难于越过关隘，进犯京师；一旦敌人越过关隘而入，京师精兵出九门之外御敌，各重镇、关隘、要点应援京师，重兵会集，歼敌于京师周围。如此一来，居庸关与各重镇、关隘、要点间形成牵一发而动全身的长城整体防御体系。

建堡筑隘　聚落为盾

在长城整体布局上，明代多于战略要地加修双城乃至多道城墙，加强了对侧翼、纵深和外围间隙地带的防御，大大提高了长城防御体系的整体实力。

对于北京附近的关隘长城，有明一代，自始至终尤为注重防守和修筑。共经历了3个朝代的大规模修建。它由点到线、由线到面把军事重镇、关城、隘口有机地联结起来，并于沿线设立障、堡、敌台、烟墩（烽火台），互为犄角，构成完整的防御体系。

聚落修建历程

在长城整体布局上,明代多于战略要地加修双城乃至多道城墙,东北沿线增修1700余里辽东边墙,并于"大边墩台之间空缺之处,因其岸险、随其地势筑为城墙以相连缀",从而加强了对侧翼、纵深和外围间隙地带的防御,大大提高了长城防御体系的整体实力。对于北京附近的关隘长城,有明一代,自始至终尤为注重防守和修筑。

明长城大抵经历了3个阶段的修筑过程,第一阶段为洪武至永乐,军力还很强大,边防也比较巩固,朝廷也尤其重视边疆屯防建设,大兴建筑各镇关隘堡寨。居庸关防区内的大小关隘、屯堡等也设立、发展于此时。第二阶段为正统"土木之变"后,如景泰二年(1451年)即在居庸关设经略大臣,阅视边务,足见开始重视边防。成化三年(1467年),修筑山海关至雁门关长城,自山海关起,经喜峰口、古北口、居庸关、紫荆关、倒马关、平型关直至雁门关。第三阶段为隆庆后,国力日益衰弱,边患日趋严重,于是,明廷遂开始大规模修筑长城。至此,居庸关乃至九边地区的长城防御体系臻于完善。

第一阶段（洪武至宣德 1368—1435年）

背景探源

洪武元年（1368年）八月，明太祖朱元璋派大将徐达等率领军队占领了元都城大都（今北京），标志着蒙古族建立的元王朝统治的终结。但元朝的政权机构、军事建制、主力部队等并未被消灭，依然对明朝虎视眈眈，元顺帝退往漠北后，随即着手组织兵力，调整部署，试图东山再起。为了解除这种威胁，洪武、永乐以至正统"土木之变"（1449年）止，主要采取武力防御方针。一方面以武力消灭元朝残余势力，实施北征；另一方面加强北部防御，重视军事筑城，修建关塞墩堡烽堠和边墙。两方面措施中，又尤以固守封疆、加强防御为重。这与朱元璋的战略意图是息息相关的，徐达曾就将来攻克元都城后的战略意向问计朱元璋："元都克，而其主北走，将穷追之乎？"朱元璋则答曰："元起朔方，世祖始有中夏，乘气运之盛，理自当兴。彼气运既去，理固当衰，其成其败，俱系于天。若纵其北归，天命厌绝，彼自澌尽，不必穷兵迫之，但其出塞之后，即固守疆圉，防其侵扰耳。"可见，朱元璋对元朝的战术战略为将元势力驱出中原即可，重在固守封疆，其作用是通过修建、扩建旧城和增建新城，达到固边关、守要隘、扼重镇、控枢纽、御外敌、防内乱，保持朱明王朝长治久安之目的。朱元璋利用燕山一带原北朝长城作为防御基础。

明成祖朱棣于永乐十九年（1421年）迁都北京后，保卫京师的安全自然成为明朝军事工程的首要任务，燕山长城也成为前沿阵地。明廷驻扎在京师的京营军就有七八十万，并且广泛筑长城、修城池，加强京师的警备。永乐时期，虽广筑边墙，但实际只是构筑一些应急的防御工程，而在高山峻岭难于攀登的险要地段，还未大规模构筑边墙。这是由于永乐朝国力强盛，对元朝残余势力尚有强大的征伐实力，明成祖的5次征伐，使蒙元元气大伤。对于应急修筑的边墙，据何宝善考证，在《明太宗实录》中仅有4条记载。永乐以后直到宣德时期，国力更盛，"四夷顺服"，北边无大战事，"边境宴然"。

修建历史

居庸关城的修建年代为洪武元年（1368年），但是关于居庸关的确切位置，从古至今的文献专著或是地方志书众说纷纭，莫衷一是。争论的焦点是那时所建关城到底是今居庸关还是上关、南口城。《西关志》认为徐达所建即是今居庸关；《延庆卫志略》则说徐达在古居庸关旧城垒石为城，即今上关；《读史方舆纪要》则认为建在南口城。具体争辩细节详见下节。本文采纳后者，即认为洪武初所建关城，为古居庸关—上关城。

居庸关至山海关一带山区可通人马的沟谷，自洪武、永乐年间便开始设置关隘，这亦是边墙的雏形。一些关口，如八达岭口等，虽筑有边墙，但尚未形成整体相连的长城。

洪武年间（1369—1398年）

洪武元年（1368年），徐达、常遇春北伐燕京，元主夜出居庸关北遁，二公遂于此规划建立居庸关城。

洪武三年（1370年）冬，淮安侯华云龙上言："北平边塞，东自永平、蓟州,西至灰岭(指今镇边城)下,隘口一百二十一,相去可二千二百里。其王平口至官坐岭,隘口九,相去五百余里,俱冲要,宜设兵。紫荆关及芦花山岭尤要害,宜设千户守御所。"从此,围绕北京北部依早期长城旧址沿线开始修建隘口、墩台,亦为明以后大规模修筑长城打下了基础。

洪武六年(1373年),"命大将军徐达等备山西、北平边,谕令各上方略。从淮安侯华云龙言,自永平、蓟州、密云迤西二千余里,关隘百二十有九,皆置戍守。于紫荆关及芦花岭设千户所守御。"洪武九年(1376年),"敕燕山前、后等十一卫,分兵守古北口、居庸关、喜峰口、松亭关烽堠百九十六处,参用南北军士。"

洪武十五年(1382年),"又于北平都司所辖关隘二百,以各卫卒守戍。"又见《明太祖实录》,十五年九月丁卯,"北平都司言边卫之设所以限隔内外,宜谨烽火,远斥堠,控守要害,然后可以詟服胡虏,抚辑边氓。"随后列出此200处关隘明细,东起一片石、黄土岭,西至石塘口、金水口,其中位于黄花镇与沿河口之间的居庸关防区所辖隘口如下,"曰黄花镇,曰西水峪,曰枣园峪,曰灰岭口,曰贤庄口,曰锥石口,曰德胜口,曰虎峪口,曰居庸,曰阳峪口,曰苏林口,曰白羊口,曰柏峪口,曰高崖口,曰方良口,曰常峪口,曰长城岭,曰沿河口。"

以上皆为居庸关防区内,于洪武年间就已建立的关隘,并由此体现这些关隘所处的地理位置关键。有些关口如黄花镇、居庸、沿河口等,后来都发展为重要的路级关城,又如灰岭口、白羊口等,虽然未升级为如居庸关的关城，其战略地位也不容忽视，历史上敌寇往往避居庸关而转战白羊城，如此成功之案例也为数不少。

永乐年间（1403—1424年）

明成祖迁都北京后，京师的边防形势更为严峻，设置戍兵无数，尤其是居庸关等重要关口，更特别设置督兵大员，专门负责屯防的事务，将可通行人马的大小山口把截堵塞，并相应筑以关城，驻军扼守，以防止敌人突入和边境军民的外逃。永乐时明廷即对蓟昌两镇山险要隘进行无孔不入的设置，此并非夸张，《直隶疆域屯防详考》中关于这一史实是这样描述的："永乐迁都于燕，三面近塞，故于直隶边防尤重。自永平、蓟州迤西二千余里，设置戍兵无数，并于松亭、喜峰、居庸、紫荆等关，特设督兵大员，专办屯防事务。对于各府、州、县之一村一镇，一山一水，凡有可以设险之处，无不建寨筑堡，设官列戍，以为防守之要冲。"总之，但凡有能通人马之地，均派兵戍守，少则三五人，多则数十人，再多如居庸关城，戍守军马以万字计。

据《明太宗实录》记载：永乐十三年（1415年）春正月丙午，"塞居庸关以北潭峪、小峪、黑浙涧、水峪台、鳌鱼岭、千石涧、南石羊等处山口，每口戍卒十人守之。"《北京市昌平县地名志》也有此记载：永乐十三年"正月，塞居庸以北隘口"。同年冬十月乙亥，"塞关外晏磨峪、大水峪、小水峪、大峪、长水峪、小姑将峪、大姑将峪、胜先峪、石涧、跳梢峪、水峪、白瀑、董家、小陵峪、常峪、西石阳、白石阳，隘口一十六处（实为17处），以军士十人守之。"

此外，在《四镇三关志》的记载中，仍有下列隘口建于永乐年间：八达岭下的石佛寺口、青龙桥东口、王瓜谷、黑豆谷、化木梁、于家冲6隘口，石峡谷下的花家窑、石峡谷口、縻子谷口3隘口，白羊口下软枣顶、西山安2隘口，长峪城下的茶芽驼、沙岭儿、窟窿山、镜儿谷、分水岭、银洞梁6隘口，横岭下黄石崖、东凉水泉、西凉水泉、火石岭、寺儿梁、东核桃冲、西核桃冲、大石沟、陡岭口、莺窝坨、小山口、姜家梁、倒翻冲、庙儿梁共14隘口，以及镇边城下的柳树洼。黄花镇下的石城峪口、西水峪口也建于永乐年间，撞道口建于永乐二年（1404年）。

宣德年间（1426—1435年）

宣德元年（1426年）"乙卯，修居庸关城楼，命都督沈清督之"。同年七月，"癸丑命都督山云，都御史王彰，自山海、永平、蓟州，抵居庸关，凡诸关隘有未完固者，督总兵官遂安伯、陈英，都督陈景先，及诸镇守官并在近军卫有司修理，务悉坚完。"

宣德三年（1428年）八月壬午，"修居庸关城及水门，命行在工部侍郎许廓督之。"

宣德五年（1430年）八月辛巳，"行在兵部尚书张本言，居庸关及东西关口六十五处，初以隆庆左、右二卫官军分守，今二卫军士分守独石、赤城，而居庸各关缺守者多。紫荆关腹里之地有官军九百余人，又有金坡镇巡检司官兵，宜令镇守居庸关指挥芮勋，及紫荆关指挥赵得，往视诸关口缓急，量拨军士分守，上是其言。"乙未，"镇守居庸关指挥芮勋言，德胜关以东，虎峪口至买儿岭口，皆可通人马，乃天寿山后路，俱无城堡，宜筑塞。

上谕,行在工部曰丰城侯李贤方修永宁城,俟其工毕,就令率军夫往各关口相地势筑塞。"

此阶段的修建特征是,洪武初年即在居庸关建城,并在北京周边由东至西沿旧长城沿线广泛设置关隘、墩台;永乐迁都后,北部边防线设置更严密,对居庸关防区关隘的修建主要集中于永乐十三年(1415年),正月与十月两次大规模阻塞关西南、西北隘口,如潭峪口、晏磨峪等处总计达20余处,并在每口戍卒10人防守;宣德年间,对居庸关城楼及水门进行过两次维修,并建议筑塞居庸关以东、皇陵天寿山后路可通人马的隘口。至此,居庸关防区东西隘口的建置规模已初步形成。

第二阶段(正统至嘉靖 1436—1566年)

背景探源

自英宗正统以后,明朝由盛转衰,内忧外患加重。北部蒙古族势力又强盛起来,不断南下掠夺骚扰,在这种情况下长城防线时时处于戒备状态,修筑长城之事又被明廷重视。"土木之变"后,北京保卫战虽取得胜利,但边防重镇并未发挥应有作用的弊端显现,大同、宣府未能阻挡敌人的内犯,紫荆、白羊等关口也未起到屏蔽作用,使明廷尤其是于谦为首的大臣意识到边塞防御亟须整饬和加强。于是立即采取一系列固边关、实畿辅、加强京城周围防御的措施。正统特别是成化以后,明廷大行边防工事的构筑。如成化三年(1467年),大学士商辂上疏中曰:"山海至雁门关中，如喜峰、古北、居庸、白羊、紫荆、倒马关口，虽有官军守备；然各关地方散阔，多有山坡小径可通人马；如往年边警，何曾经由正关，率皆越山而来。后虽差官修理，恐岁月经久，……徒守正关，敌至莫御。乞差大臣一员，督同各关守备官员，带领军夫，逐一营筑坚固，则边关谨严，内地人心不致惊疑。"从弘治、正德到嘉靖中期，鞑靼多次进犯居庸关防区众关隘，弘治十一年（1498年），和硕自大同深入，分遣大臣守居庸、白羊诸关隘；正德九年（1514年）八月十一日，小王子犯白羊口；正德十一年（1516年）七月，小王子复犯白羊口，官军御却之。宣大总督翁万达于嘉靖年间，修筑宣大边墙的外边与内边，外边东起四海冶，西抵鸦角山（在今山西偏关东北）。内边自老营堡（在今山西偏关东），东抵平型关（在今山西灵丘西），又折向北抵居庸关，而达四海冶，共修筑边墙千余里，烽墩363所。

整饬重修长城关口措施：一是修城砌垛。原有土城，因无人守备坍塌的或被改为其他用途的，都要进行修补，务使其坚厚完固；没有城池的，如有需要，农闲时组织修筑。紫荆关至居庸关一线，凡可通行人马的道路，均设法砌垛。此外，对各关隘都进行整修，使其更加坚险难攻。二是增立墩台。墩台数量不足，敌人突入往往不知其所在，难于防备。为改变这种状况，遂决定在有些关口，如紫荆关、居庸关增设墩台，增添守墩人员，加强瞭望。这样，就改善了报警、防御系统。

修建历史

景泰年间（1450—1457 年）

此段主要增修居庸关城，重建白羊城等。景泰元年（1450年），都知监左少监潘成便"奉敕督兵，增（居庸关）城其南，如旧者二，而通增其高厚，视旧加三之一，坚广过之"。但凡城池适宜布置防御设施的地方，都配备齐全。城外可通人马的地方，就弘用工力，务必使其险峻如崖穿。"其西缺处通水，自北而南，名为两河口者，悉皆浚治。又令垒石为梁，以便东西往来而限南北之势，遂皆悬绝于边鄙矣。"同年，在白羊城原设旧城上，又重建堡城一座，上跨南北两山，下当两山之冲，敌楼4座，水旱门5空，城铺15间，护城墩12座。"令各边每岁四月、八月遣官军修葺边墙墩堡，增筑草场封堆，时加巡察"。因为四月、八月乃北部边防形势严峻的防春、防秋之际，各边不仅要对前线作战的边墙墩堡进行维护，同时也要增筑草场，进行充裕的后勤保障。

景泰六年（1455 年），居庸关城又进行一次修缮，此次维修于六月"修居庸关城毕功，命工部造碑翰林院撰文刻置关上以纪其迹"。

弘治年间（1488—1505 年）

此段主要修建了八达岭城和横岭城两座关城。弘治十八年（1505 年），经略边务大理寺右少卿吴一贯规划修建八达岭城。

正德年间（1506—1521 年）

此段主要修建镇边城和长峪城，并设守御千户所。正德八年

(1513年)建石湖峪口。十六年(1521年)五月,明经略边关右副都御史李瓒认为居庸关西路灰岭口和上常峪两处地方,外接宣镇怀来,所辖隘口仅为12处,并且经常有虏寇出没,于是李瓒便请求添设城堡以控险要,乃"筑灰岭口城,六百八十丈有奇,上常峪城减十之五,各立楼橹铺舍,至是功讫"。他还建议将灰岭口改为镇边城,上常峪改为常峪城(即今长峪城),并调别堡军士屯守,灰岭口屯守军为千人,上常峪屯守军300人,改设守御千户所。七月,修筑居庸等关墩铺、城楼、墙壕。

嘉靖年间(1522—1566年)

此阶段居庸关防区聚落关隘的修建无论从范围、规模上讲都是其他朝代无法比拟的,关沟以西的西路镇边、横岭、白羊一带更是"地皆虏冲,而城池不固",故"关隘之设,因天地自然之险而补塞其空隙,大则关城,小则堡口;守之以官军,联之以墩台,遇有警报,各守其险,远近内外势实相倚,防微杜渐,计甚严密"。尤其是嘉靖二十九年(1550年)八月"庚戌之变"后,朝廷决定在蓟镇大规模筑边,第二年便开始具体实施。主要采取新建隘口、修缮关城、增修边城的策略。

新建隘口 《四镇三关志》载:

> 嘉靖十五年,建东路灰岭下门家谷口、灰岭口、贤庄口、锥石口、雁门口、德胜口、虎峪口、双泉口、养马谷、西山谷十隘口(其中灰岭口、养马谷、虎峪口、德胜口、锥石口、贤庄口,据《明太祖实录》建于洪武十五年);嘉靖十七年建黄花镇口,嘉靖二十二年,建

黄花镇下鹞子峪口、白羊口下石板冲、牛腊沟，次年，建桑木顶；二十五年，建长峪城下轿子顶；三十年，建镇边城下黑冲谷、车头沟、尖山顶、北唐儿庵、南唐儿庵、水门、松树顶、秋树洼，三十八年建桂枝庵；四十四年建白羊口下东黄鹿院、西黄鹿院。

修缮关城 嘉靖十一年（1532年）正月，大理寺卿佥都御史巡抚顺天保定迁通政使掌鸿胪寺会朝议欲城白羊口，以王赞为副都御史经略边关，建镇边、长峪二城，以工部侍郎总理。

嘉靖十三年（1534年）三月，顺天抚按、总兵官张嵩、赵元夫、张轵等人认为居庸以西一带八达岭抵镇边一带，地皆虏冲，而城池不固，所宜修浚居庸关、白羊口、长峪城、镇边城、糜子谷、花家窑，诸要害处宜。

第二阶段为居庸关防区内聚落、关隘的数量与规模剧增的又一历史阶段，其中又以嘉靖年间发展最快，比永乐年间更盛。修建根据"天地自然之险而补塞其空隙，大则关城，小则堡口"的原则，将居庸关防区内但凡可通人马之地，皆设置关隘阻塞。至此，居庸关防区的聚落关隘基本修建完成。

第三阶段（隆庆至万历元年 1567—1573年）

背景探源

隆庆、万历年间，鞑靼的不断内犯引起了朝廷上下的关注，身为内阁大学士的张居正对边防尤为重视。隆庆二年（1568年），他上《陈六事疏》"饬武备"条中，明确把边防放到国家诸事中最重要的位置上，"臣惟当今之事，其可虑者，莫重于边防，庙堂之上，所日夜图画者，亦莫急于边防。迩年以来，虏患日深，边事久废，比者屡蒙。"尔后张居正起用谭纶、戚继光，并调任北京。同年三月，任命谭纶为兵部左侍郎兼右金都御史，总督蓟辽保定军务；五月，令戚继光总理蓟州、昌平、保定练兵事，总兵官以下悉受节制，后来戚继光权力又增大，改总理练兵事务兼镇守。整顿边防，加固增设城防，形成修筑长城的第三次高潮。蓟镇敌台筑成之后，自居庸关至山海关，"二千里声势联结"，"其坚不可攻，虏至其下辄引去"，并使得"边备修饬，蓟门宴然"。万历年间，北京又修内长城，尤其是对明皇陵十三陵北部怀柔一带的长城大加修缮。"继光在镇十六年，边备修饬，蓟门宴然。继之者，踵其成法，数十年得无事"，他们都达到了不战而屈人之兵的目的。孙武曾说过："百战百胜，非善之善者也；不战而屈人之兵，善之善者也。"之所以称其为"善之善者也"，是因为它不仅保卫了内地的老百姓，也使双方军队和塞外游牧民族免受战争之苦。崇祯十七年（1644年），李自成克宣府，迫居庸关，总兵唐通出关战敌，明太监杜之秩守关，却自开关门迎降，李自成率军过居庸关，进攻北京，明灭。

修建历史

《明史·谭纶传》云：隆庆元年（1567年），"（纶）遂与（戚）继光图上方略，筑敌台三千，起居庸至山海，控守要害。"于是，蓟、辽、保定"边备大伤，敌不敢入犯"。

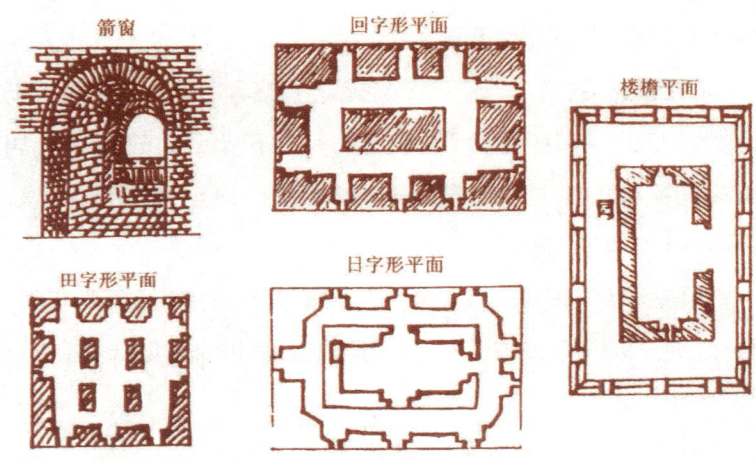

空心敌台平面布局组图

隆庆二年（1568年）题准，"蓟昌二镇，分为十二路，将边墙稍加厚，二面皆设垛口，七八十垛间，下穿小门，曲突而上，其缓者计百步，冲者五十步或三十步，即筑一墩台，视边墙高一倍，广十二丈，内容五十人，共筑一千五百座，令边军哨守。"

同年五月，命戚继光以都督同知总理蓟州、昌平、保定三镇练兵事宜。他巡行塞上之后建言："蓟镇边垣，延袤二千里，一暇则百坚皆暇。比来岁修岁圮，徒劳无益。请跨墙为台，睥睨四达。台高五丈，虚中为三层，台宿百人，铠仗糗粮具备。令戍卒画地受工，先建千二百座。然边卒木强，律以军法将不堪，请募浙人为一军，用倡勇敢。"五年（1571年）秋，敌台修建功成，"精坚雄壮，二千里声势联接"。

万历元年（1573年）题准，"滦河以东，居庸以西及松棚诸路，再增台二百座。"四年（1576年）题准，"蓟昌二镇应修边墙九十余里,添筑墩台五百座。"

《四镇三关志》昌镇下辖的空心敌台皆为"隆庆三年至万历元年节次建",其中八达岭下43座,石峡峪下25座,黄花镇下(居庸关东路)29座,白羊口下19座,长峪城下23座,横岭下28座,镇边城下32座,总计共199座。

第三阶段以兴建空心敌台为主,时间集中在隆庆至万历年间,至此,明长城居庸关防区内的军事防御工程全部修建完成。

史上关于居庸关的一些争辩

居庸关之名是否源于秦

关于居庸之名的起源,曾经有始于秦始皇之说。此说法最早见于元代的翰林学士王恽所著的《中堂事纪》:"戊辰卯刻,入居庸关,世传始皇北筑时,居庸徙于此,故名。"以后,历经明、清到近代的一些史书、志书和其他书籍,大都沿用王恽之说,认为居庸关的历史始于秦始皇筑长城。直到1988年,吉人在《中国文物报》发表了《居庸关之名始于秦始皇北筑吗?》一文,对此提出了质疑,并通过大量文献记载证实此说法并不准确,源于秦代之说自然即被推翻。

北魏至隋朝年间是否为两关并置

居庸关分置两关始于北魏,三国魏人苏林认为"居庸有关,而军都则无,盖北魏时曾分置两关耳",而元人胡三省则认为居庸关分置两关自汉时即有"考之汉志,上谷郡有军都、居庸两县,盖各有关"。查据各种史料,应苏林之见解更准确。

洪武初年所建居庸关是今之上关、居庸关,还是南口城

第一种观点认为徐达所建即为今居庸关。古籍志书或近人专著为《西关志》《重修居庸关志》和宋国熹、孟广臣编著的《八达岭史话》等。

《西关志》为明巡关御史王士翘所著,他曾任直隶监察御史、右副都御史、太仆大理少卿、总理河道右佥都御史、总督南京粮储等。嘉靖二十六年(1547年),出任巡按西关御史,巡察居庸、紫荆、倒马、固关四关。因巡按御史"巡历一年,满日复命,造册画图,贴说进呈",所以,在任期间,他广集资料,悉心巡察,最后编纂出了这部记述长城重要关塞的方志书——《西关志》。书中记载:洪武元年(1368年)徐达所建居庸关城,"周围一十三里有半二十八步有奇(约合6750米)。东筑于翠屏山,西筑于金柜山",还详细记载了其他城池细节,诸如城楼、券城楼、水门、敌楼等建置数目。城周长与其他建置分明近似于今居庸关。

第二种观点认为徐达在今上关位置始建关城,今居庸关城为景泰年间王铉所建。持此观点的著作占据多数,始见于清乾隆年间的《延庆卫志略》。

《延庆卫志略》明确记载:"明太祖既定中原,付大将军徐达以修隘之任,即古居庸关旧址垒石为城,即今上关。"又载:"上关城即古居庸关旧城也。前明自大将军徐达经理后,永乐二年(1404年)重修,宣德间工部侍郎许廓又重修,景泰以后建卫城于古长坡店。"文中按语也对今居庸关城并非洪武初所建提出见解:"《四镇三关志》以今延庆卫城为洪武时所建,据本卫旧志以为创自景泰初年,以应从旧志为是。"当代的一些学者,如罗哲文、冯永谦等也多从此说。

第三种观点认为徐达所建为南口城,始见于清顾祖禹的《读史方舆纪要》:"明初既定元都,洪武二年,大将军达垒石为城(即今南口城也),以壮幽燕门户。"还有程光裕先生从《读史方舆纪要》之说,也认为徐达垒石为城之地为南口城。

聚落地理分布

居庸关防区军事聚落的地理空间分布,主要依据为明嘉靖二十六年(1547年)巡关御史王士翘所著《西关志》和万历四年(1576年)《四镇三关志》。

《西关志》详细记载了居庸关军防核心区内,所有关口分东、南、西、北、中路守御,每路又管辖隘口数不一:如东路辖隘口14处,南路辖隘口12处,中路辖隘口12处,北路辖隘口6处,西路最多,辖63口。《重修居庸关志》从《西关志》之说,所辖关城、关隘、屯堡等均无变化。《四镇三关志》中,主要从昌镇的角度写昌平、居庸关一带的戍防体系,与《西关志》中所载的居庸关防区关隘从大的路系即不相同。

总的说来,《西关志》将居庸关防区共分东、南、西、北、中五路，包含的范围更大，外口与内口俱含在内。而《四镇三关志》因从昌镇角度来写，故大体以长城沿线的外口及居庸关沟一线的部分内口为主，将沿线各隘口划分为3路，由东向西为黄花路、居庸路和横岭路，《西关志》中以南路隘口为代表的内口，即从南口城西侧的晏磨峪以西一带，大峪口、汤峪口、水峪口等里口直至白羊口，显然已出了昌镇的管辖，在《四镇三关志》中未提及。居庸路基本对应前者北路、中路，横岭路基本对应前者西路，黄花路下的黄花镇下则对应前者除黄花城以外的东路。而且以横岭路为例，虽然"横岭路"对应"西路"，其下都是分为白羊城下、长峪城下、镇边城下及横岭城下4个防线，但是所记载的隘口名与数量也不完全对应，甚至有很大差异。

至于为什么在短短时间内，居庸关防区内的关隘名称与数量会有如此大的出入，其个中原因，笔者也试图探究清楚，但终未能如愿。更让笔者迷惑的是，《四镇三关志》仅晚《西关志》30年即有如此大差别，而万历四十年（1612年）张绍魁纂修的《重修居庸关志》却仍从《西关志》之说，所辖关城、关隘、屯堡等与之均无差别，但并非未加入《四镇三关志》中所提到的如轿子顶、茶芽驼、沙岭儿、窟窿山、镜儿谷、分水岭、银洞梁等约20个关隘。

本文主要依据《西关志》以东、中、北、南、西五路防线研究其空间分布。《四镇三关志》中提到的隘口并入与《西关志》对应的一路，笔者认为居庸关防区关隘分布至少为上述二史籍的加权，这样总关隘数应为137个，比《西关志》的107个隘口增加30个。

东路隘口

居庸关防区东路共设隘口 16 处，接黄花镇边界，其主要职责为环卫天寿山皇陵，其中《西关志》记载 14 处，由西向东依次为养马峪口、德胜口、雁门口、虎峪口、锥石口、贤庄口、灰岭口、门家峪口、枣园寨、石城峪口、西水峪口、石湖峪口、撞道口、鹞子峪口。原隶属于居庸关分守的东路隘口的东段，如枣园寨、石城峪口、西水峪口、石湖峪口、撞道口、鹞子峪口 6 处隘口后来因地近黄花镇，而改为黄花镇分守。

居庸关防区东路军事聚落隘口

贤庄口　　　　　　　锥石口　　　　　　　灰岭口

东路军事聚落隘口遗迹

居庸关所辖枣园寨—养马峪口一线，《三镇边务纪要》详细记载了此段隘口的山形地势及战略地位的缓冲："由枣园砦至居庸路界分水岭三里，门家谷口，山势重迭，然通白龙潭路，来骑极冲。又三里至灰岭口，内外宽漫，极冲。又三里至贤庄口，本口路隘，通永宁南山塔儿，来骑次冲。又七里至锥石口，两山险峻，林下稠密，中有河，外通塔儿谷，冲。又五里至雁门口，外险内平。又五里至德胜口，山势高险，中有大河水，外通大小红山，冲。又九里至虎谷口，外险内平，不通骑，缓。又五里至养马谷，在南口门，缓，川草花顶，山势内外高险，人马难行。三里至石佛寺口，正口两山壁立，中通沟路，难行。"

据调研，东路隘口中仍有一些隘口存有城墙遗迹，如贤庄口、锥石口、灰岭口等隘口。鹞子峪口的堡城保存较完好，撞道口的堡城也还有一些遗存。

中路隘口

中路实际是围绕居庸关沟一线，在其四周的山上布防所设置的隘口，旨在增强关沟防线部署。中路隘口总共设有 15 处。《西关志》载中路隘口共有双泉口、贺伯口、陈友良口、黄土岭口、石佛寺口、青龙桥东口、青龙桥西口、小岭口、西水关、乡闸口、两河口、石缝山口，共 12 处。居庸关城、上关城亦为中路的关城。养马峪口接中路石佛寺口，《三镇边务纪要》载：从石佛寺口，"又三里至青龙桥东口，山势内平外险。又三里至黄瓜谷口，亦内平外险。又三里至八达岭"，八达岭即属于北路隘口。

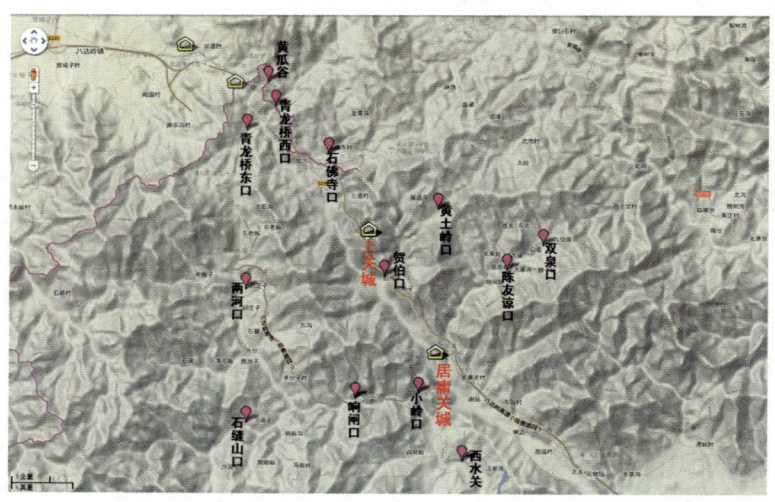

居庸关防区中路军事聚落隘口

北路隘口

北路共设关堡隘口9处，《西关志》所载有6处，为八达岭口以北的化木梁口、于家冲口、花家窑口、石峡峪口、糜子峪口、河合口等，俱外口。糜子峪口已与西路白羊城下的软枣顶、牛腊沟等隘口相通。《三镇边务纪要》:"八达岭，内外平漫，为宣大咽喉，极冲。又三里至黑豆谷，内外平漫，威靖墩至冲谷墩，通众骑，余通骑，冲。又三里至化木梁，内险外平，人马可行。又二里至于家冲，正城迤东一空，通单骑，迤西青石顶墩，通于家沟，俱通众骑，冲，余通步，缓。青石顶，山势外平内险，三里至花家窑，内外高险，龙芽菜沟通单骑。城东头至西头水口，平漫通众骑，极冲。又三里至石狭口，城东至石崖子口，又西山墩至镇卤墩，俱通单骑，冲。又三里至糜子谷，正关水口并镇西墩至南山墩，

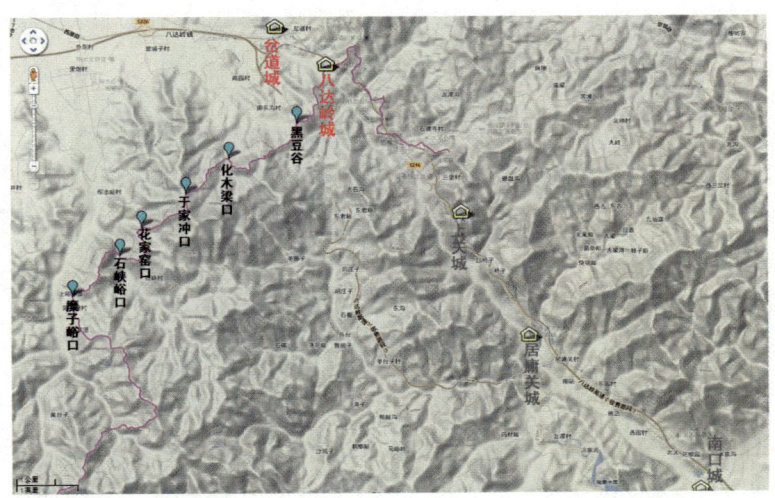

居庸关防区北路军事聚落隘口

通陈家坟，俱平漫通众骑，极冲，余通步，缓。"

此外，岔道城居庸关为八达岭之藩篱，"此堡安而后居庸之关始安也"，距八达岭仅5里，亦应为北路之外堡。"又岔道左腋之山即居庸一带外口，如化木梁、于家冲、花家窑、石峡峪、糜子峪、牛腊沟、石板冲，举相联属在数里间。倘虏骑至此，四驰横奔，则关内地方如汤峪口、青龙桥、松湖片、白羊堡等皆可通达，其意外之虑又有未敢言者。"事实上，北路各隘口实际也尽在关沟以西，全部为外口，除八达岭城、岔道城外，还在石峡峪、花家窑建堡，足见北路防御之重。

西路隘口

西路又分为以白羊城、长峪城、镇边城、横岭城为中心的4条防线。其中，白羊与长峪居内，下辖隘口内口与外口兼具；横岭与镇边外接怀来，下辖隘口多为外口，在居庸关长城沿线或长城附近的山口。外口冲要，内口稍缓，地理位置决定横岭、镇边两路比之白羊、长峪两路在防区中更重要，是御敌的先锋关口。

西路白羊城下

白羊城辖隘口13处，《西关志》所载隘口十，分别为：白羊口、清泉口、老姚城、松湖片口、泥窝口、卧子头口、桑木沟口、牛腊沟口、石板冲口、西山庵口。此外还有软枣顶、东黄鹿院、西黄鹿院三隘口。软枣顶与北路之糜子谷衔接，据《三镇边务纪要》记载："由糜子峪口六里，至软枣顶，正关东北，山势险峻，

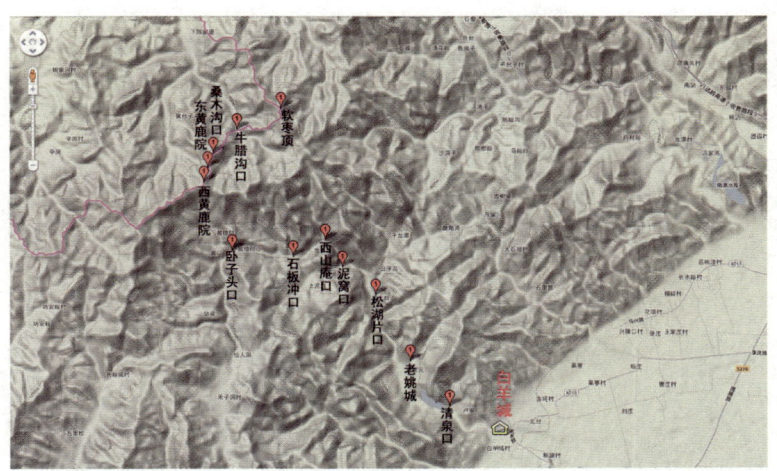

居庸关防区西路白羊城下军事聚落隘口

止通单骑，口外平沟内薄梁，极冲。又三里至牛腊沟，内外山峻，牵马可上。又二里至桑木顶，外梁平内山险可通单骑。又一里至黄鹿院，山梁高险，牵马可上。"

据《西关志》，13处隘口中有4处里口，分别为：老姚城、清泉口、石板冲口和西山庵口。其余皆为冲要外口。白羊口堡虽位于此路最南端，但其战略地位重要，亦被列为外口。笔者通过翻阅文献及实地调研发现，东、西黄鹿院口大体为今昌平区黄楼院，清泉口、老姚城、松湖片口、卧子头口等仍存有村落，而牛腊沟口、桑木沟口、西山庵口、石板冲口现已无此名，且文献中所见不详，因此此类关隘定位会存在一定偏差。

西路长峪城下

西路长峪城下共有隘口24处，《西关志》载16处：长峪城、柞子沟口、上常峪口、幡杆峪口、立石口、柏峪口、双石沟口、

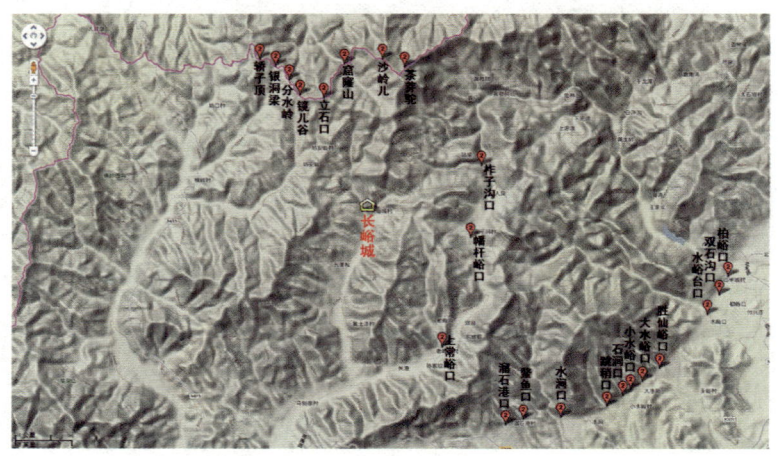

居庸关防区西路长峪城下军事聚落隘口

水峪台口、胜仙峪口、大水峪口、小水峪口、石涧口、跳梢口、水涧口、鳌鱼口、溜石港口。《四镇三关志》载长峪城下则为茶芽驼、沙岭儿、窟窿山、镜儿谷、分水岭、银洞梁、轿子顶7处,《三镇边务纪要》详载此7口,过白羊城下隘口黄鹿院后,"又四里至茶芽坨西界,内外山峻,牵马可上。又二里至沙儿岭,可通人马,次冲。又二里半至窟窿山,正关外平沟有山梁,可通大举。又二里至镜儿谷,山峻,牵马可上。又二里至分水岭,内外平漫,可通大举,极冲。又二里至银洞梁,内险外平,次冲。又一里至轿子顶西黄石崖,通单骑,冲。"从黄石崖始,以西隶属于横岭城。

长峪城下24处隘口,9处外口,15处峪口。调研发现,外口除长峪城外,其余隘口现无寻。内口中,大多现仍存以原隘口为名的村落,如柏峪口、溜石港口、大水峪口、小水峪口等口。

西路横岭城下

西路横岭城下共有隘口 17 处，俱外口。《西关志》载 14 处：横岭口、北港口、小山口、陡岭口、火石岭口、倒撞口、东凉水泉口、西凉水泉口、寺儿梁口、东核桃冲口、西核桃冲口、大石沟口、倒翻冲口、庙儿梁口。《四镇三关志》另载三口为莺窝坨、姜家梁和黄石崖。《三镇边务纪要》载黄石崖东接长峪城下轿子顶，迤西"又一里半至东凉水泉，山梁平漫，通骑，次冲。又一里至西凉水泉，山薄梁平，可行人马，极冲。又一里半至火石岭，门外沟平阔，通大举，极冲。又二里至寺梁，山稍峻，通单骑。又一里至东核桃冲，山梁可通步骑，次冲。又一里至西核桃冲，山势平漫，通骑，次冲。又二里至大石沟，水口内平外漫，通大举，极冲。又一里半至陡岭，外险内漫，通步。又二里至莺窝坨，外悬崖，内山高峻缓。又一里半至小山口，山险牵马可上。又二里

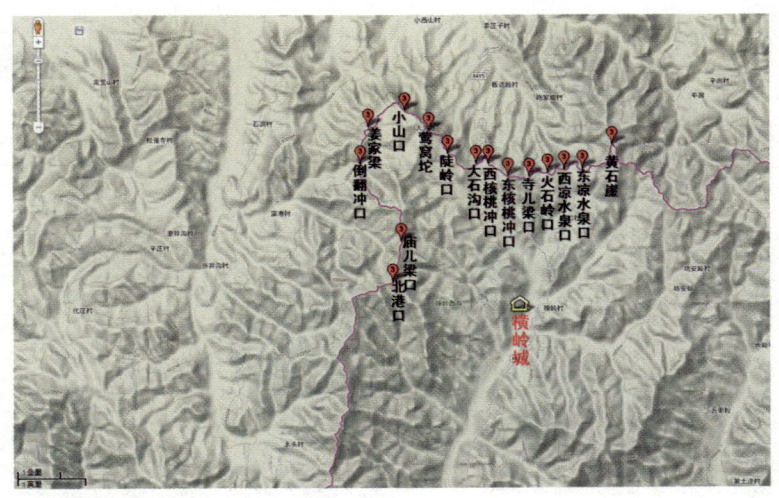

居庸关防区西路横岭口下军事聚落隘口

至姜家梁，山险通单骑，次冲。又二里至倒翻冲，有水口，内外平漫，通大举，极冲。又五里至庙梁西柳树洼界"。

西路横岭城下全部为外口，现均位于河北省张家口市怀来县境内。据考察，庙儿梁口于怀来庙港村附近，其他隘口现均无寻，仅能依据史料对这些隘口推测大体定位。

西路镇边城下

西路镇边城下共辖隘口33处，内外口兼具，外口14处，内口19处。《西关志》载：镇边城、白崖子口、牛膝峪口、堂儿庵口、熊儿峪口、东北街口、西北街口、柳树沟口、长城口、北石羊口、南石羊口、傍路口、坚子口、常峪西口、常峪口、方良口、小凌峪口、高崖口、新开口、灰关口、乾石涧口、白瀑口、董家口，共23处。《三镇边务纪要》记有"庙梁西柳树洼界，内外平漫，极冲。又六里至黑冲谷，平漫，通骑，极冲。又三里至车头

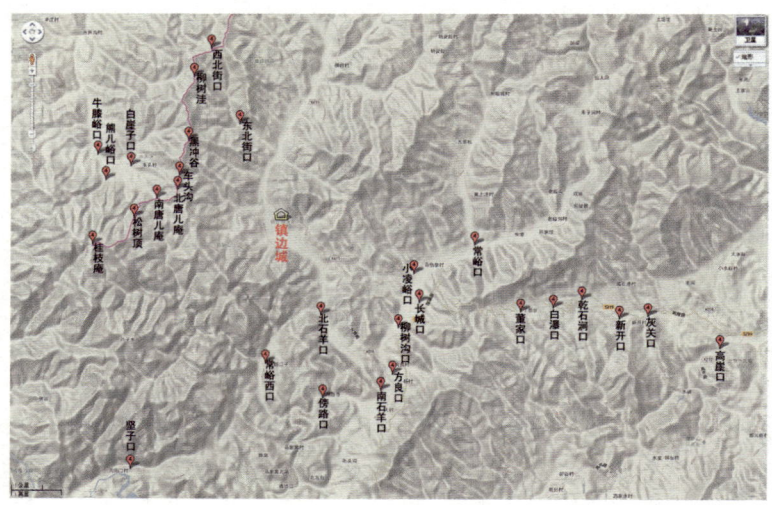

居庸关防区西路镇边城下军事聚落隘口

沟，外平内险，通单骑，次冲。又二里至北唐儿庵，有水口，内外平漫，可通大举。又二里至南唐儿庵，外险内平，牵马可行。又四里至松树顶，山险仅通步，缓。又四里至挂枝庵，迤西系边尾，俱重山迭障，不通步骑"。镇边城下高崖口虽为内口，但乃镇边、横岭各外口通过居庸关防区的"必由之路"，高崖地形宽广，虽然筑城但亦难以堵截，其中有三要路：镇边城、东北街和马跑泉，皆可通往高崖口。虏贼由卧子头、河子涧可抵马跑泉；出北港口、西北街则可抵东北街；"二路有警则不必犯镇边而已径达高崖，过此即长驱莫遏矣"。

西路镇边城下部署隘口最多。其中，部分内口，如高崖口、新开口、方良口等口，仍存高崖村、新开村、方良村等村落，而南石羊、北石羊、长城口、傍路口等内口，以及除挂枝庵口以外的外口，均无寻。

总之，西路众多外口及部分内口中，有近40个隘口现无存，所见资料也不多，约占137个隘口中的1/3。

南路隘口

南路隘口全部为南口城迤西的里口，此条防线处于太行山脉与平原交界地带，各隘口负责把守山口，从晏磨峪口始、大峪口、汤峪口、水峪口、长水峪口、谭峪口、小峪口、苏林口、鹿角湾口、黑浙涧口、小枯将口、大枯将口，共12处。大枯将口以西紧临白羊城。

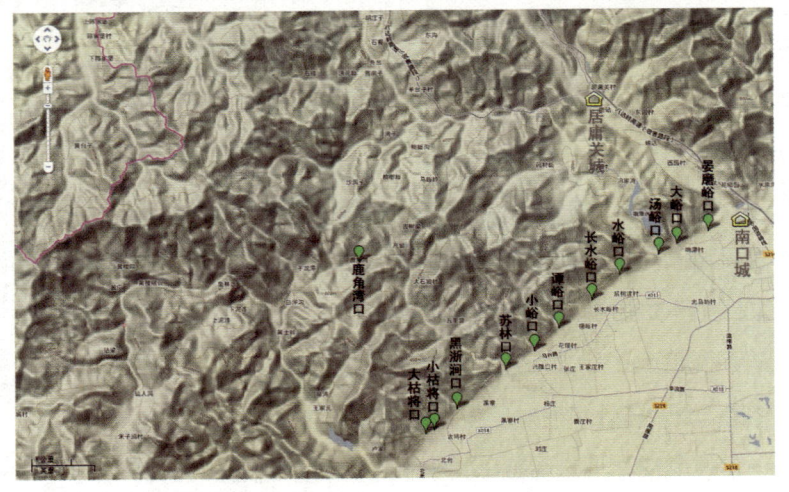

居庸关防区南路军事聚落隘口

据考察发现，南路隘口现在多存有以当时隘口名命名的村落，如晏磨峪口现在为燕磨峪村，水峪口现在位于桃洼乡后桃洼村（原为水峪沟村），等等。相比较西路众多无从寻找的隘口，南路隘口至今仍以村落的形式存在。究其原因，无疑这里的地形地势、利于人生存的便利条件，使得这些古代关隘在失去其最初军事功能时，仍能以聚落中的生活功能得以延续。

时空分布规律

居庸关防区各防线关城、关隘的修建同其他九边重镇一样，经历了时间上的纵向发展和空间上的横向布局。从时间上看，防区从兴建伊始到臻于完善，共经历了3个朝代的大规模修建。从战略布局上看，长城亦非一线排开简单孤立的城墙组合，它由点到线、由线到面把军事重镇、关城、隘口有机地联结起来，并于沿线设立障、堡、敌台、烟墩（烽火台），互为掎角，构成完整的防御体系。

时间上呈阶段性

纵观居庸关防区各关城、关隘的设置、发展，并非一蹴而就，而是经历了 3 个朝代较为集中的修建，即洪武、永乐和嘉靖三朝。洪武年间，尤以洪武十五年（1382 年）所修为最，共修 17 处隘口，占所有居庸关防区内 137 处隘口的 12%，主要分布在居庸关东路和西路镇边城下的部分隘口。永乐年间是居庸关修筑隘口最多的

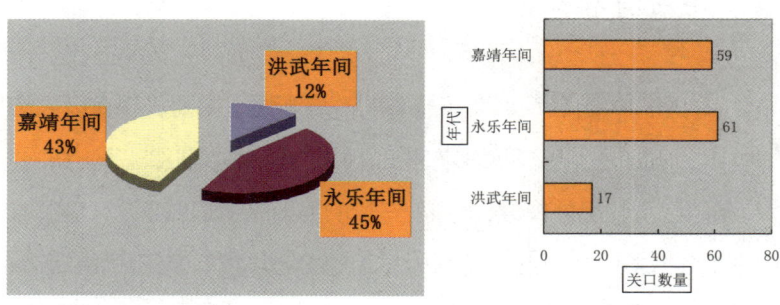

居庸关各朝代修建关口百分比　　居庸关各朝代修建关口数目

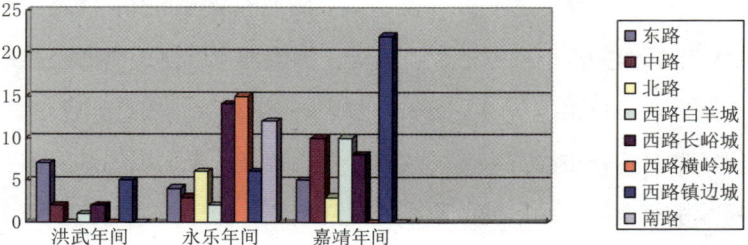

居庸关防区各路防线、各时期修建隘口统计

朝代，共修建61处，占45%，居庸关防区8条防线都有所修建，但以西路横岭城15处隘口位居第一，西路长峪城下14处居其次，南路的12处里口居第三。至嘉靖年间又有59处隘口修建完毕，占43%，明确为嘉靖年所建的为20处，其余隘口暂未找到明确记载的修建时间。这一阶段修筑最密的为西路镇边城，其次为中路隘口和西路白羊城下各隘口。居庸关防区内防御面积最广，拥有绝大多数关隘的西路镇边、横岭、白羊、长峪各防线，于永乐年间和嘉靖年间的集中修筑，使居庸关西路成为关口林立、防守严密的军事防御网。

分布的不均衡性

明居庸关防区军事聚落分布的不均衡性，主要表现在以关沟为中心，隘口分布呈现西多东少的规律。居庸关防区8条防线内，每条防线所辖里外口数，排列前三位的为西路镇边城下33处隘口，西路长峪城下24处和西路横岭城下的17处隘口。而西路由镇边、横岭、长峪、白羊4条防线构成，共由87处关城隘口共同构筑，占61%，数量远超过其他4路隘口。按地理位置而言，南路实际亦处于居庸关沟以西的范围，这样，关沟西部的南路与西路总共占到70%的比例，与东路12%的隘口数量相比，相差5倍之多，显然隘口的分布极不平衡。隘口愈多代表某一个区域防御的重要程度相对愈高，战略地位也相应水涨船高，但居庸关防区东路的隘口较少却不能代表其战略性不重要。究其原因，一是居庸关以西密迩陵寝,皇家重地,不允许过多设口置兵,以保护龙脉;二是长城修建到川草花顶即戛然而止,再往东则是险峻的燕山山脉,可通行人马的通路不若西路那么多,故居庸关东路以险山为长城,仅在德胜、贤庄、锥石等山口设关把守。

此外,防区内隘口有里、外之分,外口主要集中在防区长城沿线的东北、北、西北方向,外口一般处于位置冲要的地方,里口则主要分布在连接北京小平原的东南、南、西南方向,里口因背离进攻方向,故设防稍缓,这是居庸关防区内各隘口设防的一般规律。但是,西路镇边城下隘口未遵循里口稍缓、外口紧要,而是所有里外口都紧要。从居庸关防区内里、外隘口配置的比例,大体可以得出哪条防线更加紧要。从各防线里、外口的配比指标,可以清楚地看到北路和西路横岭城下全部为外口,西路白羊城下外口比例也超过 50%,而南路 12 处隘口全部为里口。由此我们得出结论,居庸关防区内,北路、西路横岭城下,西路镇边城下 3 条防线最重要,而南路防线相较最缓。

空间的非均质性

明居庸关防区为京师西北屏障,且为这一戍守地段的重中之重。也先和俺答先后破塞直驱京师的杀掠,迫使明朝政府在昌、蓟二镇绵亘两千里的防线上,置"带甲十万,文武将吏划地而守",形成"边与腹错地、军与民错居"的局面。明代中后期近边驻军的增加和大量军事城堡关寨的设置,对燕山、军都山与西山山地聚落堡寨分布的原有状况产生了深远影响，分布明显变密，且呈现非均质的特征。北京地区的村落，从形态来看，平原地区的村落多呈集团型，相邻诸村间几乎是等距的。山区的村落多呈散列型，相邻之村间远近相殊。居庸关防区内的军事聚落堡寨分布亦呈现此类特征，山区南北两侧的屯堡，基本建在平原地带，分布较均衡；而关城、堡寨、隘口的分布则呈现非均质的状态。

明居庸关防区各层级防御性军事聚落

防御城级别	城池名称	最高驻官	年份	上级机构
镇城	居庸关城	镇守总兵官	1554	昌镇
路城	横岭城	横岭路参将	1566*	昌镇
	镇边城	横岭路参将*	1553	昌镇
卫所城	白羊口城	设守御千户所	1451	昌镇—横岭路，涿州中卫
	八达岭城	自元始设千户所	1311	昌镇—居庸路
	长峪城	设守御千户所	1521	昌镇—横岭路
堡城	灰岭口	守备	1570	昌镇—居庸路
	石峡峪	守备	1568	昌镇—居庸路
	上关城			昌镇—居庸路
	南口城			昌镇
	岔道城	守备	1551	宣镇
	土木驿堡		1394	昌镇后改隶宣镇
	榆林驿堡		1394	昌镇后改隶宣镇

注：*横岭路参将初始驻镇边城，1566年移驻横岭城
据《西关志》《四镇三关志》绘制

镇路卫堡　雄关如铁

正如罗哲文先生所说，万里长城经过两千多年的不断完善，早已不是单独一道城墙或是互不相关的一些城堡、烽墩建筑。而是由长城本体、内外沿线的镇城、路城、卫城、所城、堡城、关城、隘口、墩台等构成不同等级、不同用途、互相有机配合，具有一定纵深的严密、完整和连续的长城防御体系。

关是与长城最密切的军事防御工程，关城、关堡也是与长城最近的堡寨，多建在长城沿线，较大的关城则建在长城以内几十里范围之内。明代守边军队均驻于长城区域内的大大小小的屯兵城内，军事聚落具有层次性，即镇城→路城→卫城→所城→堡城，层次逐级递减。居庸关防区内有镇城1座，即居庸关城；路城2座，横岭城和镇边城；卫所城3座，白羊城、八达岭和长峪城；堡城若干座，如上关城、岔道城、土木堡等；防区内更多的为比堡城更低一级的隘口，大多仅有"正城一道，水门一空"。

　　需要强调的是，军事聚落的级别定位是根据它在历史上战略地位最高时而确定的，随着历史发展、战争局势变化等因素影响，各城池的战略地位也随之波动，或升迁，或降级，不可一概而论。自嘉靖年间设置昌镇以来，居庸关防区防御体系臻于完善，万历时期业已成熟。城池防御级别大体呈现升级的趋势，但也有降级者如镇边城、白羊口、长峪城，镇边城由参将驻地降为守备把守，白羊口、长峪城都曾设守御千户所，等同卫级。但在万历时，白羊口设守备，长峪城设提调，级别均有所下降。

镇 城

居庸关城

居庸关城在明长城防御体系的发展历程中，防御级别最高时由镇守总兵驻守，因此在长城防御体系中应属镇级组织，居庸关城的最高级别为镇城。

1. 北券城
2. 南券城
3. 云台
4. 关沟河道
5. 翠屏山
6. 金柜山

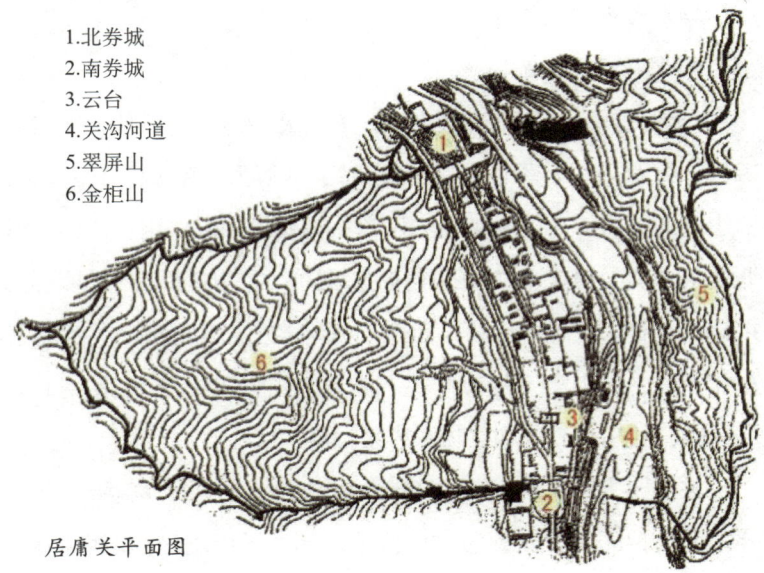

居庸关平面图

地理形势

"绝谷累石,崇墉峻壁,山岫层深,侧道褊狭,林障邃险,路才容轨",是郦道元对居庸关所处环境的形象描述,"绝"与"险"构筑了居庸关战场的特征,也成就了居庸关"易守难攻"的传奇。"天造居庸险,关开绝壁城。重门悬锁钥,夹水布屯营",城位于关沟中最开阔的地段,距南口 15 里,距北口 25 里,其西为金柜山,东为翠屏山,翠屏山东侧是罗汉山,北侧是大北梁山,居庸关城就建在这几座大山的环抱中。在距离居庸关南券城 1 公里处,东西两山距离不足百米,再向北,两山距离豁然开阔,而后又逐渐收缩,如此"收—放—收",使基地天然形成形似于船形的中间宽、两头窄的易守难攻之地。

城池建置与发展

居庸关城的建置

居庸关扼守住南北交通要道,并且要道两侧都是狭窄如线的峡谷,纵有千军万马也难以施展火力;关城东西则是两座大山,两山周边皆深沟,居庸关就利用这些沟路起防御作用。东山长城北端将翠屏山与东北高山的连接处凿断形成"山险墙"下的北沟,东侧长城的"九仙庙沟",西侧"潭峪沟",西北侧"小西沟",东北侧"山险沟",西南侧"马神庙沟",连同南北河道和南北券城通道,共构筑 8 条沟路防御敌人。

关城"上跨东西两山,下当两山之冲",依据城墙所处地形分为两类,即关城由两级城墙构成,其中城墙据山,堡墙扼路。城墙与堡墙交互连接,南、北堡墙的两侧相连是东、西城墙,城墙两侧亦分别与南、北堡墙衔接。

居庸关的据山城墙由东山城墙和西山城墙两部分组成,"周围一十三里有半二十八步有奇"(合2025丈)。东山城墙全长1500米,从南水关堡墙开始,围绕翠屏山而建,后与北关城堡墙衔接。北关城堡墙的西端接西山城墙,全长2100米,沿西南方向曲折而上达金柜山顶,又掉头折向东南方向沿山势趋降,最终回到南水关堡墙。如此,关城形成闭合圆圈。

居庸关全景图

增强关城防御性的其他"硬防卫"设施

瓮城 鉴于居庸关城军事地位的重要性,在南北关门外各建有瓮城1座,以加强对城的防御性。北城门瓮城为长方形,面积3000余平方米,南瓮城呈半圆形,面积2500余平方米。因敌人

南瓮城

北瓮城

主要从北面进攻居庸关,故北瓮城相对于南瓮城,在规模、在形势上更胜一筹。北瓮城其前沿西侧靠山,东侧临水,此一山一水恰夹住通往北瓮城的通道,使敌军兵力无法展开。瓮城东西封闭,在南侧城墙正中、北侧西北角各建一孔门洞,瓮城城门开在西侧角上,门洞设"千斤闸"把守,其上建有闸楼3间。南瓮城南侧封闭,北侧有通向关内城门洞一孔,西侧有一孔门洞,古代有城门。

关楼 南、北堡墙上各建有关楼1座,是所有敌楼、门楼中最高大雄伟的建筑,是用来瞭望的楼台。雄伟的关楼及城、门楼

南关楼南面

北关楼南面

从云台看南关楼

往往不仅可以观察瞭望敌人，更可产生威慑、压迫之感。居庸关南关楼建于南关城门之上，为砖木结构，双层五开间，屋顶为重檐歇山顶，南北两面俱挂有匾额"天下第一雄关"。北关楼建在北关城门之上，形制与南关楼相同。

敌楼 不仅关城内部有精心设置的防御设计，关城的外部更是因形就势，步步设防，在东南西北沿山脊和河道修建长城，并在周围山峰的要冲及制高点上巧妙安排敌楼与护城墩，使之与关城城墙紧密相联，内外配合，加强关城的防御能力。敌楼外形多种多样，有单眼式、双眼式、三眼式、四眼式及五眼式等。敌楼的顶部造型也各有千秋，有歇山重檐式、歇山单檐顶、硬山顶、圆攒尖、三滴水、十字脊式等。

在《察哈尔省重修居庸关志》中有载关城敌楼的布防设置："四面敌楼一十五座，共城楼五十七间，关城外南北山险处共筑护城墩六座，东南、西南各一座，东北二座，西北二座，烽堠墩一十八座。"敌楼、护城墩及烽堠墩的位置和设计都是根据居庸关的地形巧妙设置的，无论在山顶还是山腰，总择地势转折处或者视线开阔处，便于瞭望，能最快、最有效地发现敌兵，并支援两翼。

这 15 座敌楼被分为东山敌楼和西山敌楼，其中东山敌楼有 6 座，西山敌楼有 9 座。1-6 号敌楼位于东山，7-15 号敌楼位于西山。东西山两侧敌楼中，占据制高点位置的分别为东山的 3 号敌楼和西山的 13 号敌楼，是居庸关城监视敌人的最佳点。

1 号敌楼：建于北关河道桥东侧石台上，石台比河道高出

20.8 米，外表面用花岗岩块石分 4 级收分砌筑，石台内筑夯土。石台形状为长方形，南北为 28 米，东西为 22.8 米。敌楼位于石台西北角，最便于防守河道和敌楼以北区域。

2 号敌楼：由 1 号敌楼沿着城墙继续向东，到达东侧翠屏山半山腰处，即 2 号敌楼，负责监视北沟及 1 号敌楼前的河道。它是一座砖拱结构的长方形空心敌楼，南北长为 12.2 米，东西宽为 10.2 米。东侧、南侧各开有一门两窗，西侧、北侧各开 3 孔箭窗。

3 号敌楼：选址在翠屏山北侧的山顶之上，坐北朝南，地势最高，是东山长城中规制最高的一座。登楼远眺居庸关城内，一览无遗。3 号敌楼为单檐歇山顶，砖木结构的二层建筑。一层、二层用木板隔开，二层面南一侧为木窗，东、西、北三侧则开有箭窗。

4 号敌楼：建在翠屏山长城向东突出部分的接合部，是一座砖拱结构的五眼空心敌楼。4 号敌楼主要防御南侧九仙庙沟。敌楼呈东西走向，内部有两道主拱。东侧、西侧各设一门一窗，北侧为一门四窗，南侧为 5 孔窗。

5 号敌楼：建在翠屏山东山长城的中部，是规模最小的一个敌楼。南侧、北侧各设一门一窗，东侧、西侧各设 2 孔窗。

6 号敌楼：建在翠屏山最南端，位置极为重要，其西侧长城与南关水门相连，长城东侧和西侧则为陡峭的悬崖，悬崖下是永安河。6 号敌楼为砖拱结构的空心敌楼，平面为正方形，边长约 10 米。西侧、北侧各设一门两窗，东、南侧各设 3 孔箭窗。敌楼有木结构铺房 3 间。

镇路卫堡 雄关如铁 / 155

↑ 从南瓮城看西山城墙
← 居庸关敌楼位置示意

南瓮城闸楼与关楼

7号敌楼

8号敌楼

9号敌楼

15号敌楼及远处东山城墙

南水关闸楼

居庸关敌楼组图

7号敌楼：建在西山长城，坐南朝北，与南关城西面紧邻。它的屋顶为"十"字脊形式，这在众多的敌楼中非常罕见。建筑采用砖木结构，建有两层，其东、南、西三面墙上各有6个箭窗孔，分上下两排，每排3个，北面开有一门，上有一排3个箭窗孔。因此，该敌楼共有21个箭窗孔，可见其建筑规格之高。

8号敌楼：位于7号敌楼西侧，为正方形空心敌楼，长宽均为10.4米。东西各设一门一窗，南北设有3孔箭窗。二层建砖仿木结构铺房，面积25.2平方米。

9号敌楼：位于8号敌楼西侧，用来防御马神庙沟的敌情。建筑为空心单层，东西各设一门一窗，南北设二窗。

10号敌楼：也称西山角楼，它面对潭峪沟，控扼作用显著。它是西山长城中规格最高的敌楼，为砖木结构的重檐歇山顶。楼有两层，北侧一层开有一门，东、南、西三面开有箭窗，二层四面均设箭窗。

11号敌楼：建在10号敌楼西北面，形式较简单，为空心敌楼。西、北侧一层开四窗，东、南侧开一门两窗。

12号敌楼：位于11号敌楼北面。东、北侧各开一门一窗，南侧开四窗，西侧开两窗。二层建有铺房，为砖仿木结构。

13号敌楼：建于金柜山山顶，地势最高点，该点是西山"人"字形长城的分叉点。该楼北面有十几米长城，长城以北以及楼西侧均为悬崖峭壁。因此13号敌楼是三面监视敌情的最佳监视点。建筑为空心敌台，二层结构，在二层建有踏垛房。

14号敌楼：位于13号敌楼东侧，东、北侧为悬崖峭壁，主要为防御北坡的敌人。14号敌楼为长方形空心敌楼,南北长,东西窄,东侧设五窗,北侧两窗,南、西各一门一窗。

15号敌楼:位于北瓮城西侧"人"字长城分叉处,东面为山崖,敌楼东侧开两窗,西、南、北各开一门一窗。

烽燧:位于关城南侧,西山之上,就在马神庙的后面。烽燧内填毛石、渣土,外砌块石。烽燧对关城的有效防护起到重要作用。

增强关城防御性的精神"软防卫"设施

居庸关城内历史曾建永明寺、玉皇庙、旗蠹庙、火神庙、三官庙、东岳庙、泰山行宫庙、晏公庙、泰安寺和孔庙10座庙宇,修复后仅存6座。关帝庙建在北门附近的西山坡上,关王庙建在南瓮城内,两座庙宇都是供奉着三国名将关羽。城隍庙建在关城内西南隅,庙内主神为城隍,是守护城池的神。真武庙建在北瓮城内,庙内供奉的真武大帝,传说徐达北征,屡受真武灵相助。马神庙位于居庸关南关外西山脚下,庙内供奉马神。吕祖庙位于居庸关翠屏山上,庙内供奉深得百姓喜爱的吕洞宾。这些庙宇的建立往往是人们强烈的求安心理在精神层面的准确反映,人们在精神上将安全托庇于这些圣灵,这也是作为防御的一种手段。

真武庙　　　城隍庙　　　　　　　关帝庙正殿

居庸关庙宇组图

城池修缮

《西关志》记载:"洪武元年(1368年),徐达、常遇春征北伐燕,元主夜出居庸关北遁,二公遂于此规划建立关城。"以后又几次修建居庸关。《宣宗实录》记载:"宣德三年(1428年)八月,修居庸关城及水门。"《英宗实录》记载:"景泰六年(1455年)六月,修居庸城毕工。"现南北券城门居庸关匾额有"景泰伍年拾月吉日立"和"景泰伍年捌月吉日立"两块石匾额,成为这时期修复居庸关的物证。《宪宗实录》又载:成化十四年(1478年),"九月,诏修居庸等处关隘、城垣、墩铺、桥道、券门,为水冲塌者"。

"景泰伍年捌月吉日立"居庸关匾额

路 城

路城是路的军事将领的驻所,大多在重要的关城,由总兵之下的各路参将驻守。

横岭城

地理形势

横岭，清也称龙岭口，今属于河北怀来县，位于昌平、门头沟与河北怀来交界处，是大同、张家口、怀来通往北京的一个重要山口，历来为兵家必争的军事要地。"横岭口，东北至居庸关一百二十里，隆庆卫地方，怀来界。外口紧要。"城位于明长城的内侧，四周青山环抱。明王士翘《居庸关论》谓"横岭孤悬外界。山高泉涸，军士苦之。横岭通宣镇四海冶堡，堡为昌蓟屏藩"。

战略地位

横岭城虽然不大，但军事战略地位重要。明嘉靖时俺答由此内犯，曾设兵戍守。"镇边城虽云腹地，而横岭实喉舌地。川原平旷，无险阻之固，越此而南，即长驱莫遏矣，是短岭与关之关系。亦可谓至为重要矣。"驻军级别不断提高，《西关志》写到居庸关西路横岭隘口14处，把总一员统之。《四镇三关志》中昌镇下辖三路，横岭为其一，驻横岭城。综之，横岭城应为路级城池。

横岭在《读史方舆纪要》载："横岭，在州南四十七里，当居庸之西北，亦要路也。嘉靖中，俺答由此入犯。今设兵戍守。"又在四海冶堡条下言："嘉靖中，边臣许论言：四海治上通开平大路，下连横岭，为三卫窥伺之地，宣府东路要防也。"

戍防演变

《四镇三关志》"昌镇乘障"中记载，横岭下，隘口14，分别为"庙儿梁、倒翻冲、姜家梁、小山口、莺窝坨、陡岭口、大石沟、西核桃冲、东核桃冲、寺儿梁、火石岭、西凉水泉、东凉水泉、黄石崖,边城三十一里,附墙台三座,空心敌台二十八座",并注为隆庆三年(1569年)至万历元年(1573年)节次建。又记载昌镇的营伍,其中关于横岭路的有:"横岭路营,嘉靖三十二年(1553年),参将一员领中军一员,千把总九员,额兵三千三百五名。"嘉靖三十八年(1559年)设参将,明隆庆三年夏,曾派"总兵官中军都督府署都督佥事定辽杨四畏总督军门,中军官大宁都司署都督指挥佥事路州暴以平,分守横岭城"。到明万历元年(1573年),仍派"总兵官署都督佥事定辽杨四畏分守横岭城"。

城池建置与发展

横岭城:弘治十八年(1505年),建立北城1道,正德八年(1513年),添修南城一道,共为堡城1座。东西跨山,南北当两山之冲,长520丈,铁门3座,水门2空,敌楼2座,闸楼1间,吊桥1座,护城墩2座。横岭城为一路城,制式与居庸关相同,规模则与同是路城的镇边城相近。城墙在东西方向山岭延伸回转,形成一个完整独立的军事防御体系。城内有横岭仓屯储粮草。南门处有校场及演武厅。

横岭城现状

现横岭城的城墙基本轮廓还在,为不规则四边形,东西、南北均不足1公里,地势在两山之间,城的东侧城墙蜿蜒在山上,保存尚且完整,中通大道,南门的2个门洞,现在仍然很完好,

镇路卫堡 雄关如铁 / 161

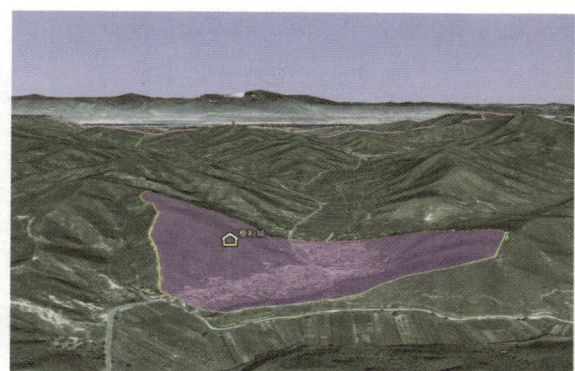

横岭川原平旷，外通宣府四海冶

水门二空

北门楼及城墙

横岭城平面

南城墙及水门

远眺横岭城

居庸关防区西路横岭城组图

北城门楼完好，门窗俱齐。北门原也有 2 个门洞，后被山水冲毁 1 个，后东花园至镇边城道路穿城而过，致使北门和城墙失去作用，仅剩的 1 个门洞亦被堵。

镇边城

原名灰岭口，自建城后始改曰镇边城。

地理形势

镇边城今属于河北怀来县，位于昌平、门头沟与河北怀来交界处，亦是大同、张家口、怀来通往北京的一个重要山口。背靠险峻的笔架山，自镇边城西南 12.5 公里，至横中山，即紫荆关所辖沿河口界。

战略地位

镇边城是扼守居庸关防区最西端的城，"据大山下视怀来，足为天险"，又与紫荆关沿河城相接，是"京师西北门户"中的重要一员。嘉靖年间，横岭路初设参将之时，即驻扎在镇边城，可见其地理位置之要与战略地位之重。

戍防演变

正德十六年（1521 年）五月，设镇边守御千户所，"先是经略边关右副都御史李钻以居庸关西路灰岭口、上常峪地方外接怀来，所辖隘口计一十二处，曾经达虏出没，请添设城堡以控险要，乃筑灰岭口城六百八十丈有奇，上常峪城减十之五，各立楼橹铺舍，至是功讫，议名灰岭口曰镇边城，上常峪曰长

东城门　　　　　　　　　　　镇边城平面

城内建筑　　　从东堡墙上看镇边城及西山城墙　　南门墙址

远眺镇边城

居庸关防区西路镇边城组图

峪城，调别堡军士屯守灰岭口千人，上常峪三百人，改设守御千户所，给印推京卫千户二员往署添设仓场，官吏支收刍粮，兵部覆奏，从之。"《四镇三关志》载：嘉靖三十二年（1553年），横岭路设参将一员，分守镇边、白羊、长峪三守提地方，驻镇边城，镇边由此升级为路级防御城。"昌镇乘障"中记载，镇边城下，隘口14，分别为"挂枝庵、秋树洼、松树顶、水门、南唐儿庵、北唐儿庵、尖山顶、车头沟、黑冲峪、柳树洼，边城21里，附墙台5座，空心敌台32座"，并注为隆庆三年（1569年）至万历元年（1573年）节次建。

城池建置与发展

《西关志》曰："正德十五年（1520年）创立。堡城一座。东西跨山，高厚不等而下据两山之冲。堡城高一丈八尺，周围六百八十一丈。城门楼二座，角楼二座，水门二空，城铺一十三间。"据《中国地名大辞典》记载："镇边城在河北昌平县西一百里，接宛平县界，明正德十五年筑，东西跨山，设守御千户所。后又于隆庆中增筑一城于其西，曰镇边新城，清顺治初参将驻守，后改都司，今旧城已废。"

镇边城现状

镇边城旧城现已无人居住，道路两侧山上，镇边旧城"人"字形残破的城墙墙基在荒山上很显眼，此处沟谷相当宽阔，可以想象当时旧城城关的宏伟。

现在的镇边城即新城，在旧城东，新城有相对完整的石墙，环状城墙围西山坡而建。北侧和东侧的城墙保存相对完整，城墙均石头砌筑，高约 3 米，东部城墙北偏西 18 度；东城有一个 5 米宽的砖拱城门，现门洞保存完整，门额保留了"镇边城"牌匾。现北门瓮城基本完整，内侧门券尚在，南门已经消失，

镇边城匾额

只能从城墙基石探寻到似乎是南门的墙址。城北门外原有一赑屃驮碑，记载建城年代事略。城西北角、西南角和东门对称的西城墙处有 3 个角楼，因长时期自然和人为损坏，这些附属建筑均已破坏无踪。西侧山上的城墙已经破损，有敌台的痕迹，城中位线中间有一鼓楼。按现存的半截"创建新城"碑文记载当时驻守在本城的是"中军把总陈应魁、哨把总杨汝栋，及潘承武、吴进等"。

卫所城

白羊城

地理形势

白羊城,即白羊口堡,位于今昌平区流村乡白羊城村。属于居庸关防区西路隘口,东北至居庸关20公里,距南口10公里,属隆庆卫地方。地当居庸关岭与横岭之间峡谷南口。永定河一支流出于此,为南北冲要处。南接北京平原,口外通怀来、宣府,是昌平和怀来间最近捷的通道。白羊城西南五峰山有吉地之称,清朝后期将此地辟为皇家墓地,清乾隆第十七子庆亲王永璘死后葬在这里,以后又葬3个亲王于此地。

战略地位

白羊城是元、明、清三代保护京师的重要防御关隘之一,与居庸、紫荆、倒马诸关并称为京西内险。与长峪城、镇边城、横岭城等构成居庸关西路防区的整体防线。

戍防演变

《读史方舆纪要》载"元置白羊千户所于此"。正统九年(1444年),蒙古瓦剌也先率兵犯此,企图由此进入北京。弘治十一年

（1498年），火筛自大同深入，京师戒严，分遣大臣守潮河川、天寿山、"内三关"、白羊诸关隘。《光绪昌平州志》载："明景泰元年（1450年），调涿鹿中卫后千户所官军守御，后以守备一人守之。"正德九年（1514年）和十一年（1516年），瓦剌部小王子先后两次犯白羊口进逼京师。明经过这两次教训后遂于正德十五年（1520年）又在此增筑城，派重兵驻守。嘉靖二十九年

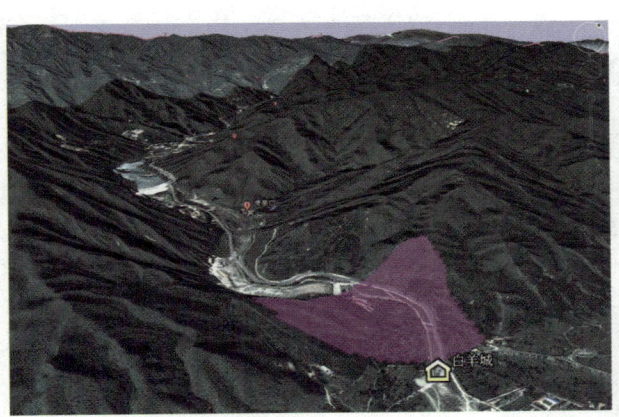

白羊城把守的白羊沟

白羊沟口

白羊城碑

白羊城平面
居庸关防区西路白羊城组图

白羊城遗址

（1550年）俺答率军突入古北口，劫掠通州等地，原欲夺白羊口北去，未果，后只得复由古北口出。可见此处防备的严密性。后，明廷又于隆庆三年（1569年）至万历元年（1573年），先后两次对白羊城进行扩建和加固，并驻有重兵，由守备1人，千总1人，把总2人统领，同镇边路领兵3330名镇守。"白羊城军814名"，《四镇三关志》记载昌镇的营伍，其中关于白羊口的有"白羊游兵营，嘉靖三十九年（1560年）设，良涿上下二营班军、游击一员领，中军一员，千把总十八员"，"白羊口城操军五十八名"。"昌镇乘障"中又记载白羊口下隘口8，分别为"西黄鹿院、秋树洼、东黄鹿院、桑木顶、西山安、牛腊沟、石板冲、软枣顶，附墙台三座，空心敌台十九座"，并注为隆庆三年（1569年）至万历元年（1573年）节次建。清代，仍有城，调官军戍守。

城池建置与发展

据《西关志》载："原设旧城，景泰元年（1450年）重建。堡城一座，上跨南北两山，下当两山之冲，城高二丈五尺，厚一丈二尺，周围七百六十一丈五尺。东西城门楼二座，东月城门一空，敌楼四座，水旱门五空，城铺一十五间，护城墩一十二座。"白羊城修筑在南北两山上，东西面各设一门，并设水门，以通穿城而过的沟水。城为砖石结构，城墙从沟底一直伸延到两侧（南北）山头上，墙高6米，周长3.5公里。王士翘考察了白羊城周边发现，西城外有一山坡，逼近城门，高峻宽平，可容千人。敌寇若占据此地，则城内无一人敢登城，这样西门便不可守。所以，为今之计，必须增修拓筑西城，使其雄跨山坡，这样，山坡之上险便据我方所守。正德十五年（1520年），为加强防御又增筑城，派重兵驻守。隆庆、万历间，屡有增修。清初，又在白羊城西南五峰山下建城，称白羊新城，又称小白羊城，以加强防御。

白羊城现状

现存白羊城遗址为区级文物保护单位。白羊城属白羊沟自然风景区，它的景观除白羊城外，还有烽火台和清庆僖王墓。但经500余年的风化和人为破坏，大部分已变为遗址。1960年，在白羊城沟上建成王家园水库。

八达岭城

地理形势

在居庸关城北约30里，高踞关沟北端最高处，是居庸关的北口，海拔约600米。明代《长安客话》载："四海冶西至岔道一百四十里，出居庸关，北往延庆州，西往宣镇，路从此分，故名八达岭，是关山最高者。"可见，从八达岭往北，可达延庆、赤城；往西，可通往怀来、张家口、大同；往东，可达永宁、四海、密云；往南则过昌平到北京，可谓交通枢纽，四通八达。《读史方舆纪要》引《山水记》载："自八达岭下视居庸关，若建瓴，若窥井，昔人谓居庸之险，不在关城，而在八达岭也。"这里居高临下，形势险要至极，甚至比居庸关城更险要。在八达岭的悬崖峭壁上至今还留有古人刻下的"天险"二字。

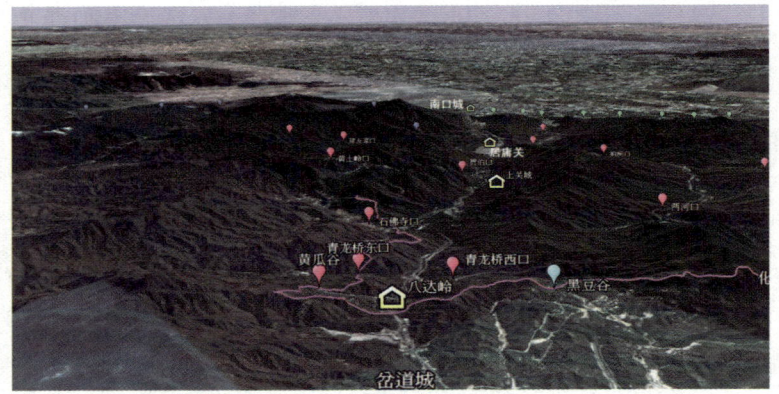

由八达岭下视居庸关

战略地位

八达岭的险要地势，造就了它无与伦比的军事战略地位。《直隶疆域屯防详考》称八达岭"实为宣大之要塞"。八达岭作为居庸关的外关，一旦失守，居庸关也就门户洞开了，"外口尤为紧要，失此不守则居庸不可保矣"，"八达岭与居庸关，固有唇齿之关系也"。明巡按西关御史王士翘即提出：居庸之险不在关城而在八达岭。他在《居庸关论》里说"居庸两山壁立，岩险闻于今古，盖指关而言，愚谓居庸之险不在关城而在八达岭，是岭关山最高者，凭高以拒下，其险在我，失此不能守，是无关矣。逾岭数百步即岔道堡，实关北藩篱。守岔道所以守八达岭，守八达岭所以守关也。由八达岭南下关城，真所谓降若趋井者……故曰险不在关城也"。王士翘对八达岭的论断绝不是空穴来风的虚论，而是建立在他作为巡关御史，对西关地区地理地势、军事策略充分了解的基础上而对八达岭的重要战略地位的客观认识。

八达岭长城　　八达岭关西东望老照片　　八达岭关东西望老照片

八达岭长城组图

戍防演变

顾炎武《昌平山水记》载：居庸关"其南北口之戍，则自元始。北口千户所属大都路隆庆州，南口千户所属大都路昌平县"，又进一步说明"史言睿宗于居庸关立南北口屯军，徼巡盗贼，各设千户所"。元至大四年（1311年），改居庸关南、北千户所为万户府，"分钦察、唐兀、贵赤、西域、左右、阿速诸卫军三千人，并南北口、大和岭旧隘汉军六百九十三人屯驻,东西四十三处,立十千户所,置隆镇上万户府以统之"。《武备志》载:八达岭,"旧系把总,驻居庸关,嘉靖四十三年(1564年),改为守备,移驻八达岭。"

城池建置与发展

八达岭关城实际是居庸关防区最名副其实的关城,因为只有它与长城主体相连,关城的北城墙——"北门锁钥"城台向两边山顶蜿蜒而上,即为八达岭长城。城墙高低不一,平均高约7.5米。在长城内侧设置宇墙,外侧则设置垛口。

"北门锁钥"匾额

八达岭城,始建于明弘治十八年(1505年),《西关志》记:"弘治甲子(弘治十七年,1504年)秋七月,经略边务大理寺右少卿吴一贯规划创立,逾年告成。至今每

"居庸外镇"匾额

遇春秋,守关者率兵于城外挑掘偏坡壕堑以防掳寇。"为加强防御,嘉靖十八年(1539年)重修八达岭关城东门,并题匾额谓"居庸外镇"。1568年,戚继光对长城重新修筑,八达岭是修筑的重点。万历十年(1582年),重修关城西门,并刻筑匾额曰"北门

锁钥"。八达岭长城先后经过了 80 年，终筑成了城关相联、墩堡相望、重城护卫、烽火报警的防御体系。清朝以来，长城失去"防御"作用，八达岭长城破烂不堪，日渐荒废。

《西关志》载八达岭城池："上跨东西两山，下当两山之冲，高二丈五尺，厚一丈，长六百八十丈。南北城门城楼二座，敌楼二座，铺二间，护城，东山平胡墩一座，西山御戎墩一座。"关城为砖石砌筑，平面呈不规则四方形，东窄西宽，占地面积约 6500 平方米。东西各辟有一座关门，关门相距近 64 米。八达岭最突出的地形优势即踞高且险要，但地域的开阔度则无法同时兼具。相比较防区内其他城池而言，规模不大。但设防严密，以致城墙每隔半里到一里即建有一敌台，或建筑在山脊的制高点，或建在城墙转角等险要的地方，可谓寸土寸防，步步为营。

不似居庸关长城的关城与东西两山城墙敌台共同构筑为一闭合完整的城墙，八达岭关城的平面形制则是另外一种，它的关城为一独立的自闭和"口"字形城墙，南北两山的城墙敌台则沿着"口"字形的西城墙向南北方向各自延伸，形成射线状的城墙。其中八达岭北侧敌台共有 12 座，从北一楼一直到北十二楼。

从关城到北峰第四楼，城墙长度 767.5 米，上升高度为 155 米，但较为平缓。过第三楼形成马鞍形，先下一百多级台阶，再拾级而上。

北五楼：长 9.25 米，宽 9.34 米，上下两层。从券门进入敌楼一层，好像进入无梁殿，内里有许多券洞。结构十分巧妙，楼层呈方形，每面 4 行砖垛，每垛之间都用券顶相拱联，共 30 多个券洞，是券洞最多的敌楼。

北六楼：为面积最大的一座敌楼，底层面积约为 100 平方米。楼长宽分别为 12.6 米和 8.5 米。内部全部用砖构，不用木料，长面是 7 行砖垛，宽面为 4 行，垛顶发券，形成四方廊形券道。中间留空，成为长方形的天窗，称为"天井式"敌楼，可从天井处登梯上到顶层去巡逻放哨。

北八楼：最为壮观，因为北八楼海拔最高，高达 889.8 米，是俯瞰长城的最佳之处。正因如此，才有人认为："登上北八楼，才能说到过八达岭。"从关城到北八楼长城距离大约 1500 米，相对高度则为 228 米。楼内建有两层，一层迎敌面有 6 孔箭窗，是敌楼中箭窗最多的一层，由此也可之北八楼防御之重要地位。

北十楼：是北峰中唯一建有铺舍的敌楼。八达岭新修复的敌楼中，有两座建有铺舍，一是北十楼，另一座则是南六楼。铺舍是建在二层楼顶上的小屋，三间，用清水磨砖砌筑，硬山顶，雕窗红柱，小巧玲珑。

八达岭城现状

1953—1957 年，重修了八达岭东西二门和南、北各 4 个敌台，基本恢复了八达岭关城和长城的原貌。1984 年，在"爱我中华，修我长城"的社会赞助下，加速了八达岭长城的修复，到 1987 年北线修到十二楼，南线修到七楼，对外开放段长城达到 3720 延长米。

长峪城

地理形势

长峪城,也有称"常峪城",位于今北京市昌平区西部的长峪峡谷,在昌平、门头沟与河北怀来交界处,《西关志》载长峪城,东北至居庸关 50 公里,属隆庆卫地方。距昌平城 45 公里,东、西、南三面临山,南邻雕窝沟,北距长城 10 公里。白羊口、长峪城、横岭城、镇边城四城的地理位置关系紧密,白羊城西北 20 余公里即为长峪城;又西 10 公里,为横岭城;又西 10 公里,有镇边城。

战略地位

长峪城所在,山大沟深,北依长城,南望镇边城,东邻白羊城,它们合为"京师西北门户",战略位置十分险要,历史上长期屯兵,是明代京师北部防御的重要隘口。

戍防演变

正德十六年(1521 年),曾在长峪城设守御千户所,但设立不久即废。嘉靖二年(1523 年),在长峪城设把总指挥一员,四十五年(1566 年)改为提调驻守。《四镇三关志》"昌镇乘障"中记载,长峪城下,隘口 7,分别为"轿子顶、银洞梁、分水岭、镜儿谷、窟窿山、沙岭儿、茶芽驼,边城十五里,附墙台一座,空心敌台二十三座",并注为隆庆三年(1569 年)至万历元年(1573 年)节次建。

城池建置与发展

"正德十五年(1520 年),创立堡城一座,东西跨山,其城

长峪城把守的关口

长峪新城南瓮城

长峪新城瓮城内城门

长峪旧城平面

长峪新旧城间的永兴寺

长峪旧城北门

长峪新城全景

旧城城墙

居庸关防区西路长峪城组图

上盘两山,下据两山之冲为堡城,高一丈八尺,周围三百五十四丈。城门二座,水门二空,敌台二座,角楼一座,城铺十间,边城四道,护城墩六座"。城池呈元宝形,利用山势建筑城墙,高处设有敌楼。明万历元年(1573年),在其西增筑新城,其南门建有瓮城,城东山上筑瞭望台一座。

长峪城现状

长峪城旧城与新城均有城墙、券门。旧城堡扼守山谷,山谷内侧的城门还有瓮城的样子,山谷外侧的城门已经完全焚毁,山上的石体城墙相对完整,城砖早就没有了。城墙基石都是巨大整齐的山石,坚固异常。长峪新城呈四方形,今城垣已大半塌毁,只有新城南门保存较完整,瓮城也还保留,与城门相呼应的对角山上有一敌台遗迹。旧城内有佛殿及娘娘庙,庙内有钟、鼓楼。新城内有关帝庙、菩萨庙各一座。位于新城与旧城之间建有一座永兴寺。

堡 城

上关城

地理形势

位于关沟中段最窄处,处在八达岭与居庸关之间,距居庸关城北4公里,离八达岭11公里,"两山夹峙,一水旁流,其隘如线,其侧如倾",易守难攻。

战略地位

上关城是进入八达岭以后,居庸关城之前唯一的一道防线,其战略地位不言而喻。上关不仅卡住关沟的瓶颈地段,更可控扼北口八达岭、青龙桥口、石佛寺口3个主要隘口。

戍防演变

上关乃居庸故关,初为元代修建。"明太祖既定中原,付大将军徐达以修隘之任,即古居庸关旧址垒石为城",后又分别在永乐二年(1404年)和宣德年间重修

从上关城东望

两次。当时的上关关城,地狭人稠,遂于景泰间在古长坡店建居庸关城,而后"上关居民寥寥。康熙五十四年,山水陡发,西崖巨石冲塌而下,致将北门堵塞,行旅不通",上关城遂逐渐废弃不用。

城池建置与发展

据《西关志》载:上关城"上跨东西两山,下当两山之冲为堡城,周围二百八十五丈。南北城门城楼二座,敌楼一座,偏左为东西水门各一空。护城墩东山二座,西山二座,烽堠一十二座"。由于明代上关城是依旧址而建,所以关城规模较小,设南北二门,城墙连接南、北山,城池呈两个底边相对的等腰三角形。上关城虽然形制较小,但是可用较少的兵力抵御众多的敌人。

上关城现状

民国十二年(1923年)修京张铁路时,毁北山之城墙和敌楼,中华人民共和国成立后修八达岭公路,上关城及部分城墙再次被毁,但南山坡上及山顶之敌楼遗迹,至今还在。南北两山之间的要冲现已成为八达岭高速公路上行线及辅路和京张铁路的路基,公路与铁路间还有水道。

南口城

地理形势

南口位于关沟的最南端,距居庸关7.5公里,当燕山山脉与华北平原的交接处,以地势论,《魏书》曰下口;《北齐书》称其为夏口;《元史》则以其位置与北口相对,改称为南口。因为关沟的南北两个关口,既然称最北的八达岭为北口,最南端的入口处自然而然被称为南口。南口选址在关沟两侧山脊逐渐消失的地段设城,地势开阔。

战略地位

《读史方舆纪要》云:"居庸一倾,则自关以南,皆战场矣。于少保尝言:居庸在京师,如洛阳之有成皋,西川之有剑阁。"南口城与居庸关呼应,形成纵深防线。欲穿越居庸关沟,必先途经南口,在此建城以盘查过往行人,以防大量人员冲关之势;反之,若从关北南行进入京师,甫出南口,便是一马平川的中原大地,再无险可守,况且再有不足百里即为京师腹地,这使南口在整个

红圈内的断墙相连为北城墙

南城墙

南堡墙门洞

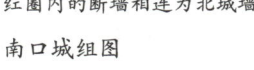

南口城组图

居庸关军事防御体系中的地位愈加重要。

《读史方舆纪要》还记载有两次战役，是通过攻破南口从而摧毁居庸关防线的史实：其一为"嘉定二年（1209年），蒙古攻金，至古北口。金兵保居庸，不得入。蒙古主乃留可忒薄察等顿兵拒守，而自以众趋紫荆关，拔涿、易二州。转自南口攻居庸，破之"。其二为"按《元史》：太祖攻居庸不能下，问计于札八儿。对曰：从此而北，黑树林中有间道，骑行可一人，若勒兵衔枚以出，终夕可至。太祖乃令札八儿轻骑前导，自暮入谷，黎明诸军已在平地，疾趋南口，金人骇溃"。南口作为居庸关的南大门，战略地位举重若轻。

戍防演变

《四镇三关志》载："南口门堡城一座，永乐二年（1404年）建。"崇祯十二年（1639年），曾对南口城池进行加固与扩建，并在城门上匾刻"关南锁钥"。

城池建置与发展

南口城"上跨东西两山，下当两山之冲为堡城，周围二百丈五尺。南北城门，城楼二座，敌楼一座，偏左为东西水门各一空，护城，东山墩一座，西山墩三座，烽堠九座"。此城略呈圆形，南北各开一门，两门相距500米，东西长为300米，城墙高度及下墙体宽均为5米，上墙体宽3.5米，东侧山下设有水门两座。整个城除南北城门和楼台用砖外，其余墙体均为虎皮石。城内建有东大寺、龙王庙、娘娘庙和关王庙等寺庙建筑，并有元朝古太监墓一处。

南口城现状

旧关城和城墙早已残破,现存的南口城只存少量的南城墙及一座城门,南门外尚存照壁一座,其余墙体无迹可寻,仅在两旁山脊上还可以看出城墙和烽火台的痕迹。京张公路和京张铁路从此经过,笔者在南口城考察时获悉,两旁山脊的两座墩子之间相连,就是南口城的北城墙。

岔道城

地理形势

岔道城在八达岭西北2.5公里,距居庸关北约16.5公里,扼关沟之北口,为元代皇帝从大都到上都的必经之路,北与通往四海冶的外长城相连,为居庸关的门户。《宣大山西三镇图说·岔道城》则言,岔道"岔道故无城,本延庆州一聚落耳。但地多沙石,关墙每为山水冲坏,筑堤改流势不容已,且路当孔道……"《读史方舆纪要·延庆州》记载岔道口:"自八达岭而北,地稍平,五里至岔道,有二路:一至怀来卫,自西北历经榆林、土木、鸡鸣三驿至官府,为西路。一至延庆州、永宁卫、四海冶为北路。"

战略地位

岔道城是居庸关外重要的军事城堡和驿站,可御敌于前沿,是居庸关沟的第一道防线,具有重要的战略位置。"八达岭为居庸关之襟吭,岔道又为八达岭之藩篱也",岔道与"南山联为一边,其地逼临山险,为居庸之外卫"。明《长安客话》也载:"逾岭数

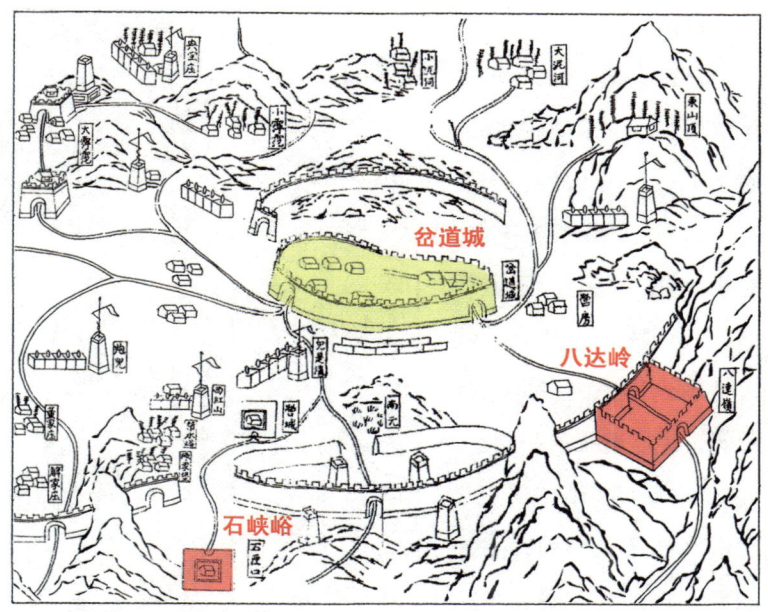

岔道城图

百步即岔道,堡实关北藩篱,守岔道所以守八达岭……""襟吭、藩篱"形象地表明岔道城乃居庸关八达岭的军事前哨,其作用不可小觑。曾佩《筑堡保民寝戎心以图关隘万全疏》中说"岔道堡适当八达岭之口,居庸关之藩篱,唇齿相系,如欲虏之绝意于居庸,必先使之无垂涎于岔道,未有岔道危而八达无事、居庸不震惊者也,居庸震惊则京师、畿辅又可知矣"。王士翘也将岔道与居庸的关系比为唇齿,"唇亡而齿寒。岔道其唇,居庸其齿焉"。岔道城的设置,不仅增强了八达岭的防御能力,同时也成了居庸关内外交通要冲上的一个重要驿站,对促进京师与西北的经济、文化交流与发展,起到积极作用。

戍防演变

宣德五年（1430年），宣宗巡边，于岔道城驻跸。嘉靖二十六年（1547年），王士翘巡视居庸关各关隘，阅视八达岭城时，四望郊原，人烟稀少，惟见关门之外不到半里内有地名岔道堡，民居凑集，路通宣、大，"居庸者京师之门户，岔道者居庸之藩篱，委岔道而不守是弃藩篱以资寇盗，非长策也"。遂建议在此设完备，修城池。三十年（1551年），修建岔道城，设守备、把总各一员驻防，并用黄土夯筑城墙。以寇警议筑，遂甃以砖，周二里百十一丈（合411丈），西南北三门。隆庆五年（1571年），岔道城土城墙外包砌石块和城砖，工程持续到万历三年（1575年）才完成。岔道城地势高，没有井水，城内驻有重兵，常驻守备1名，把总3名，兵员788名，并储备了许多武器，遇警紧急时，便撤退到八达岭关城一线凭高坚守。岔道城属宣府，《宣大山西三镇图说》中记有岔道城，《嘉庆重修一统志》在"宣化府"条下亦记有岔道口。清代以后，岔道城不再设防驻军，遂逐渐演化为村落。

岔道城地理位置

岔东雄关区额　　　　　　岔西雄关区额

东城门

北城墙

西城门

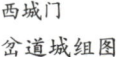

岔道城组图

古城内主要街道

城隍庙

城池建置与发展

岔道城城池"城周二里一百一十丈八尺，高三丈"，为长方形，东西长 449 米，南北宽 185 米，北依群山，南临大路，辟东、西、南三城门，西城门匾额刻有"岔西雄关"，东城门额刻有"岔东雄关"，年款为"万历三年吉日"。东西两门可供来往商旅通行，东门外有护城河，跨沟两孔石平桥。城墙高 8.5 米，宽约 6 米。

城中原建有庙宇、守备衙门、公馆、戏楼等，西门外有练兵的校场，还有粮秣、武器弹药仓库。城的东北两面山顶，各筑一座堡垒，周围山峰，筑有 6 座瞭望敌情的烽火台。

岔道城现状

现在，岔道城已建成旅游古城镇。修复之前的岔道城，经几百年沧桑，四周城墙损坏严重，残缺不全，剩下几段残城墙，地势平缓的东、西、南三面城墙只剩残破的基础部分；地势较高的北部城墙，黄土夯实的墙体还保持着明代城墙的味道，东西二城及北门的门洞犹存。修复了的岔道城，城内建成仿古的商业街，修补了城门楼和城墙。2001 年 7 月 12 日，"岔道城遗址"被定为北京市文物保护单位。

灰岭城

灰岭城为居庸关东路灰岭口，非西路之镇边城（镇边城之前也称灰岭口）。位于十三陵长陵以北。此处山高谷深形势险要，东为鸡冠石山，西为麻王寨。

戍防演变与城池修建

嘉靖十五年（1536年），建灰岭口。十六年（1537年）二月，皇上亲视陵寝，驻跸灰岭口等处，并认为"地方险要"。次年九月，巡按直隶监察御史彭时济的谕疏中，便仰承明命，修缮灰岭城，将"敌楼改建三间，少加宏伟，以壮观瞻。增筑东西敌台二座，亦颇高峻，以便瞭望。城垣加增高厚。水关修濬深固。此外增置官厅一座三间，门楼三间，营房六十间，以为官军栖止之地。今俱完备"。二十二年（1543年）三月，巡按直隶监察御史臣郑芸建议，"居庸关东路十三口添设把总一员"。

灰岭城现状

灰岭口口宽81米。山口由河谷和台地两部分组成，原河谷建有水门，台地建门洞。关城伸向两侧山腰。现水门无存，门洞

灰岭城

已拆成豁口，两山关城保存较好。

榆林驿堡

地理形势与战略地位

榆林驿在居庸关北 30 公里，西到土木驿 27.5 公里。坐落于岔道、怀来间，而实联延庆、永宁之境，南通昌镇白羊口堡，为屯兵控扼要地。

戍防演变

元置榆林驿。明初亦置驿，隆庆三年（1569 年），设操守官 1 员，所领见在官军 74 员，马 17 匹。榆林驿堡与土木驿堡一样，亦都是旧属昌镇，后并改隶宣镇。究其原因，《宣大山西三镇图说》如是说："乃把总防御不属本路统辖，有警，昌镇既不能越岔道为之援，本镇或以非分土不之急，谁与守者？似应照永宁例，改本路节制为便。"所以，榆林驿堡也是万历年间才改隶为宣镇。清《嘉庆重修一统志》"宣化府"下有榆

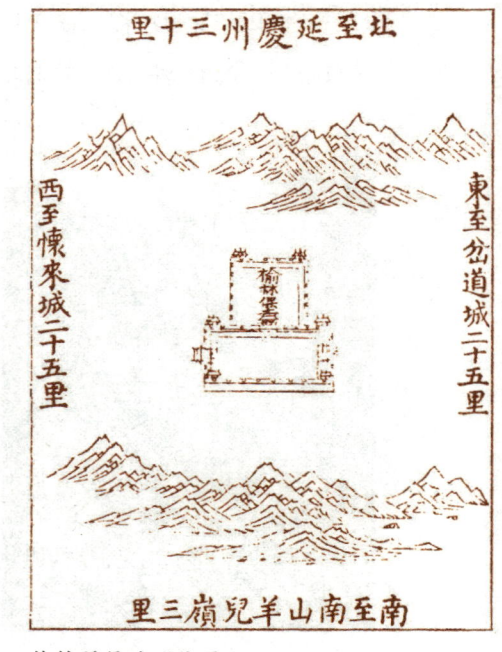

榆林驿堡地理位置

林堡，设把总驻守，旧兼设驿丞，今裁。

城池建置与发展

《宣大山西三镇图说》榆林堡图说载："本堡建自国初，先设于羊儿峪北。"正统己巳（1449年）"土木之变"后改移今址，"隆庆三年（1569年）砖瓮。周二里，高二丈五尺。"清康熙《怀来县志》引旧志曰："周三百七十九丈五尺，高三丈五尺，池深八尺，阔二丈。景泰五年（1454年）建。万历四十五年（1617年），兵备胡公思伸重修，周三百六十五丈，内外砖砌，城楼六座，八字墙十二丈。"

榆林堡现状

位于延庆区康庄镇榆林堡村。城堡为"凸"形，北为砖城，南为土城。砖城设东南二门，土城设东西二门。砖城为方形，每边长244米，土城东西长423米，南北宽245米，城墙高10米。土城残存数段，北城较完好。

土木驿堡

地理形势与战略地位

土木驿在居庸关北60公里，是由宣府通往居庸关的重要驿站。堡城的兴筑，其作用在于加强驿站的防御以及驿站本身的发展趋势所为，并非单纯的前线作战军堡。《明一统志》卷一八，万全都指挥使司怀来卫延庆右卫称："土木驿堡，卫西南二十五里。东北至延庆州八十里，西至保安州四十里。地界相错，为往来孔道。"土木驿地处内长城外侧，位于狼山西麓，周围百里内群峰耸立，地势较高，堡地极称险要。

戍防演变

土木驿，旧名统幂镇，为唐季高开道据怀戎时所置，后讹为土木。属延庆右卫，旧置于居庸关，宣德五年（1430年）移建于怀来城内。本曰隆庆右卫，隆庆初，改名延庆右卫。据《宣大山西三镇图说》载："本堡旧属昌镇，近虽改隶本镇，尚未脱籍。"可见在万历三十一

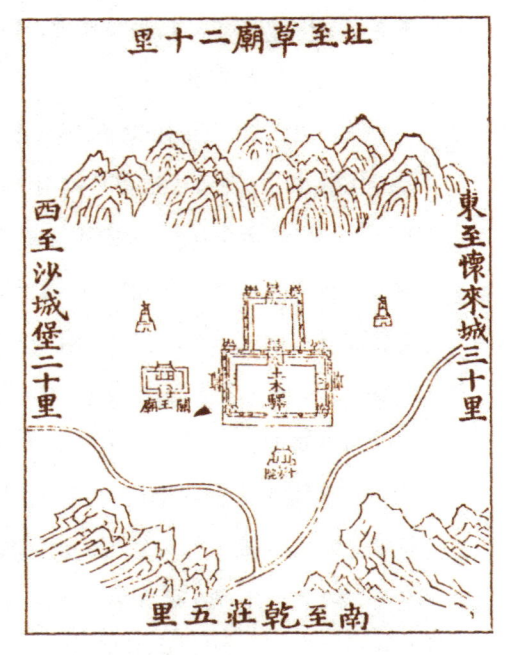

土木驿堡地理位置

年（1603年）前，土木驿是属于昌镇，万历年间才改隶为宣镇。又记载兵员："设操守官一员，所领见在官军一百一十四员名，马一十二匹，站军三百余名。"清设把总驻防。

城池建置与发展

《西关志》卷一城池记载："土木驿，堡城一座，洪武二十七年（1394年）设立。"而在《明一统志》中却云土木堡为永乐初置，时间上有差池。但笔者认为，这两个时间都对，洪武年设土木驿，在永乐初时，才开始建堡城。正统十四年（1449年），英宗朱祁镇在此被瓦剌也先所俘，土木堡亦遭毁坏。嘉靖四十五年（1566

年），在故堡原址上重新修筑新堡。隆庆三年（1569年），再次修治，周二里有奇，当长安岭、红站口之冲，为襟要之地。

《宣镇图说》上记载城池规模：隆庆三年（1569年），用砖砌筑，高三丈五尺，厚一丈，周围三百五十七丈，池深七尺，阔一丈八尺。清康熙《怀来县志》记载当时堡城为："城南向，开南北二门，瓮城一座，有关。城周东西南三面开门。明万历四十五年（1617年），兵备胡公思伸增筑墙垣。"

土木堡现状

现在堡城砖砌墙虽遭破坏，内部实土墙暴露在外，但城堡的整体规模尚存。东城门保留着土墙的同时，亦在其另一侧新

东城门

北城墙

显忠祠

城内建筑

土木堡城组图

建门楼,形成明显的新旧对比,给人印象深刻。北城墙也有一段残留。

除此之外,还有些关隘,因地理位置冲要而修建了堡寨,如北路隘口石峡峪口,口内有堡,旧设守备驻防,后改把总;中路隘口两河口,"正城一道,水门三空,堡城一座,过门一空";东路西水峪口,"正城一道,水门二空,堡城一座,城铺一间,过门一空,拦马墙一道",撞道口,"正城一道,堡城一座,过门一空"等。

关　隘

关隘是长城的重要组成部分。关隘即关塞和隘口,隘口是指两山之间的狭窄通道,在这里筑城设险堵住通道是为关塞,是守军在长城上的重要据点。

居庸关防区内除上述居庸关城、横岭城、长峪城、上关城、石峡峪堡等各级别军事聚落堡寨构筑防区的军事防御体系的骨架支撑之外,更多的血脉是由逾百座关隘组成的。关隘无城堡,其规模据《西关志》载,大多数仅为"正城一道,水门一空",如双泉口、贺伯口、大峪口、贤庄口以及南路所有隘口等,数量众多,大多为把守山口的里口如此设置。还有仅设"正城一道"的泥窝口、东凉水泉口、西凉水泉口、寺儿梁口、东核桃冲口、西核桃冲口、大石沟口等隘口，也有一定数量，这些多为建在长城沿线或附近的外口。更冲要的隘口除正城一道，水门一空之外，或有如糜子峪口"东、南、西山边城三道，敌台四座"，如于家冲口，还有"东山边城一道，城一道"；另外还有如化木梁口无水门，"正城一道，敌台四座，东山边城一道，西稍墙一道"。稍缓一些的隘口有仅设"墩一座"的枣园寨，有仅设"拦马墙一道"的老姚城，等等。大体而言，关隘的设置因地形差异各有不同，形态万千。

各级城池特点

不同级别的城池，其规模具有一定的规律性。规模的一个重要指标就是城垣周回的长度。李严博士论文《明长城"九边"重镇军事防御性聚落研究》经过调研、考证大量军事聚落分析得出：镇城规模在 7000 米以上，路城规模在 3000 米左右，卫城规模在 3500~5000 米，所城规模在 2200~3000 米，堡城规模在 1000~1500 米。

居庸关防区各级城池修建表

	级别	周长（米）	城制	城门、城楼	墩台或护城河
居庸关城	镇级	6750	上跨东西两山，下当两山之冲	南北各设券城重门2座，城楼各5间，券城楼各3间，水门各2空，南城西水门闸楼3间，四面敌楼15座，共城楼57间	关城外南北山险处共筑护城墩6座，东南、西南各1座，东北2座，西北2座。烽堠墩18座
横岭城	路级	1733	上跨东西两山，下当两山之冲	铁门3座，水门2空，敌楼2座，闸楼1间，吊桥1座	护城墩2座
镇边城		2270	上跨东西两山，下据东口之冲	城门楼2座，角楼2座，水门2空，城铺13间	—
白羊城	卫所级	2537	上跨南北两山，下当两山之冲	东西城门楼2座，东月城门1空，敌楼4座，水旱门5空，城铺15间	护城墩12座
八达岭城		2267	上跨东西两山，下当两山之冲	南北城门城楼2座，敌楼2座，铺2间	护城东山平胡墩1座，西山御戎墩1座
长峪城		1180	上跨东西两山，下当两山之冲	城门2座，水门2空，敌台2座，角楼1座，城铺10间	边城4道，护城墩6座
上关城	堡级	950	上跨东西两山，下当两山之冲	南北城门城楼2座，敌楼1座，偏左为东西水门各1空	护城墩东山2座，西山2座，烽堠12座
南口城		667	上跨东西两山，下当两山之冲	南北城门城楼2座，敌楼1座，偏左为东西水门各1空	护城东山墩1座，西山墩3座，烽堠9座
灰岭城		—	正城一道	城楼1座，圈城重门1座，水门1空	东西敌台2座
岔道城		1367	长方形	北依群山，南临大路，辟东、西、南三城门	6座烽火台；东门外有护城河
榆林驿堡		1263	"凸"字形	城楼6座	池深八尺，阔二丈
土木驿堡		1190	"凸"字形	城南向开南北2门，瓮城1座，有关。城周东西南三面开门	池深七尺，阔一丈八尺

居庸关防区内各级别城池有如下特点：

城池级别不同，相应地规模也有所不同。镇级的居庸关城级别最高，其周长为6750米，虽小于一般镇城的7000米，但差距不大。路级与卫所级的城池，除长峪千户所城为1180米以外，其他城池大抵于1700~2600米，比九边镇的一般规模小。堡城级别的城池则与九边镇的基本相当，均在1500米之内。总体而

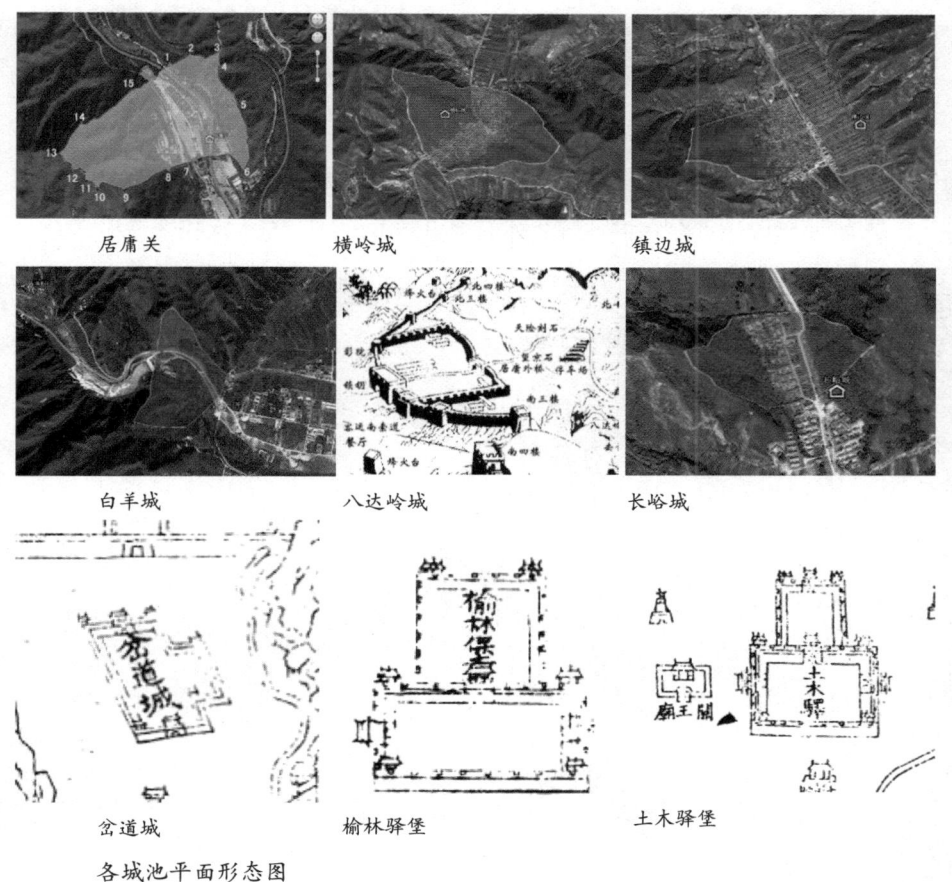

各城池平面形态图

言,居庸关防区内各城池均小于九边镇一般性城池规模。究其原因,最关键的一点即为地形所限,关城全部建于太行山脉的重山之中,并且已最大化地"上跨两山、下当两山之冲"建立城池,显然,地形成为关城大小的决定性制约因素。

上从居庸关、横岭、镇边,下到南口城,其城池修建全部为"上跨两山、下当两山之冲",使城池修筑呈现不可复制性,其平面形态也各具特色,呈不规则状。岔道城、榆林驿堡与土木驿堡三城,其地理位置已在群山之北的盆地中,故而城池平面为规则的长方形和"凸"字形。

居庸关城、横岭城、镇边城、白羊城等城池,四周山上皆有护城墩或烽火台守护,城池外面未见有护城河,而土木驿堡、榆林驿堡则有护城河,但未有烽火台等,岔道城介于此二种城中间,既有烽火台又有护城河的保护。

关城内外　古迹轶事

本章主要介绍居庸关的景与事。景涉及居庸关的古迹与自然景观，而事则是由古至今发生在居庸关的名人轶事。

古迹与自然

宗教建筑

云台

云台建筑

云台坐落在居庸关城之内,是元代过街塔的基座,现塔毁基存,此残存之塔基,即1961年3月中华人民共和国国务院所公布的第一批全国重点文物保护单位名单中之"居庸关云台"。

云台上原矗立着3座喇嘛塔,俗称过街塔,为中国元代佛教建筑。塔始建于元至正二年(1342年),至正五年(1345年)落成,但在元末明初时被毁。过街塔形制与卫藏地方14世纪前后的佛塔有前后渊源和几分

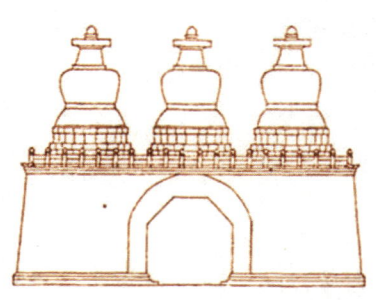

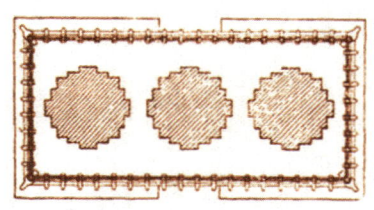

居庸关过街塔复原示意图

相似。据有关史料记载，明正统四年（1439年）在云台基座上又重新建造了一座寺院，名泰安寺，该寺于清康熙四十一年（1702年）又全部被毁，现仅存云台基础遗迹。

元顺帝妥懽帖睦尔（1320—1370年）命大丞相与左丞相建造居庸关过街塔。《析津志》引《松云闻见录》所录欧阳铭云："上以至正二年（1342年）始命大丞相阿鲁图、左丞相别儿怯不花等创焉。"后来又详细叙述此事趣过："今上皇帝继统以来……一日揽辔度关……默有所祷，期以他日，即南关红门之内，因两山之麓，伐石甃基，累璧跨道，为西域浮图……乃至正二年（1342年）二月二十一日以宿昔之愿，面谕近臣……于是申命中书右丞相阿鲁图、左丞相别儿怯不花、平章政事帖木儿达识、御史大夫太平总督其纲，南星剌麻其徒曰亦恰朵儿、大都留守赛罕、资政院使金刚吉、太府监卿普贤吉、太府监提点八剌室利等授匠指画，督促其工，卜以是年某月经始。"

云台全部用大理石垒砌，平面为东西向矩形，云台南北立面为梯形。底部东西长26.84米，南北深17.57米，台顶部东西长24.04米，南北深14.73米，高9.8米。台体的中间云台下部开有南北走向断面为半八角形的券洞，高7.27米，宽6.32米，券洞的顶部用五边折角的方法砌筑而成。台顶部有两层，底部出挑石平盘上刻云头、下刻兽面及垂珠图案，顶部四周的石栏杆、望柱头、栏板及向外挑出的螭头均保持元代的风格。

券壁及券面石上雕刻佛教图案。其中券洞顶部雕5个曼荼罗图案，其造像风格也带有浓郁尼泊尔纽瓦尔样式的萨迦风格。两侧斜顶部雕刻十方佛图案（左右两壁各5尊佛像）曼荼罗与十方佛之间雕有小佛像，称为千佛。两侧垂直的石壁上雕有护法四天王像，北方多闻天王像刻于东壁北端，西方广目天王像刻于东壁南端，南方增长天王像刻于西壁南端，东方持国天王像刻于西壁北端；四天王像之间刻有汉、梵、藏、八思巴、维吾尔、西夏6种文字的《陀罗尼经咒》和除梵文外其他5种文字的《造塔功德记》。南北券面石上分别雕刻由大鹏、鲸鱼、龙子、童男骑怪兽和象组成的"六拿具"图案，券面石足部各雕"十"字相交的金刚杵图案。元代初建时，门券壁面的雕像曾有金饰装銮；据2007年《昌平县志》记载"现金饰已无，石刻风化较严重，但神像及刻文仍大部保存。云台顶部四面各有挑出的石平盘两层，雕饰如意云、兽面和璎珞垂珠；石平盘上安有石护栏一周，石栏望柱之下和台顶四角有排水石雕龙头。石栏之内元代建有白色喇嘛塔3座，元末

云台

明初之际相继毁坏,后云台之上改建为佛殿。明正统八年(1443年)春殿宇重建,正统十三年(1448年)落成,殿内供奉毗卢遮那与文殊、普贤菩萨等佛像,清康熙四十一年(1702年)五月毁于火灾"。

永明寺 顺帝建过街塔竣,不久又建大宝相永明寺,欧阳拓云:"既而缘崖桔构,作三世佛殿,前门翠飞,旁舍棋布,赐其额曰大宝相永明寺。"寺在元居庸关南,故又简称居庸关南佛殿。《析津志》曰:"……过街塔在永明寺之南,花园之东……车驾往回或驻跸于寺,有御榻在焉。其寺之壮丽,莫之与京。"可见,永明寺与过街塔的关系颇为密切。有学者推断永明寺位置在今日过街塔基北邻西侧之民居附近。

云台石雕

居庸关云台保存有精美的元代石雕,是元朝藏传佛教雕塑作品中最重要的一件,规模宏大,内容复杂,雕琢细致,包括了喇嘛教中的各种天神,一些具有象征意义的动物、龙、云等造型,以及用梵、汉、蒙、藏、维吾尔、西夏6种文字

  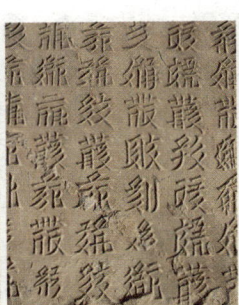 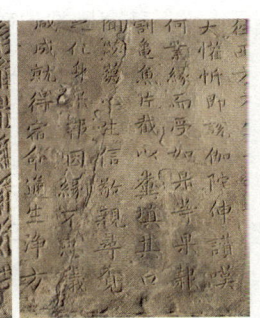

云台石刻局部

云台石雕局部

阴刻的《陀罗尼经咒》全文。其中的天神造型和装饰图案均参考了西藏桑鸢寺和萨迦寺，带有浓重的"梵式"风格。券洞两壁两端的四大天王是整个浮雕群中最醒目的部分，各高2.75米，宽3.65米左右，身材魁梧、气势威猛。四大天王手中所持物品为剑、琵琶、伞和蛇，在佛经中分别寓意风、调、雨、顺。作为护法神，天王被塑造成威武而森严可怖的形象。他身躯魁梧，身穿战袍和盔甲，手中拿着一把利剑，面目凶恶，满脸横肉，眉头紧锁，不怒自威。天王坐在高台上，左右两边分别侍立着鬼卒和武士，脚下还有两个小鬼，突出了一种威严的气势和力量感。从细节上看，天王战袍上的飘带上下翻飞，动感十足，是这件作品中最精彩的部分。从整体来看，居庸关云台浮雕对人物的刻画细致入微，动静结合，刚柔相济，堪称元代雕刻艺术的精品之作。

云台文字

雕像内侧满布文字,内容为用汉、梵、藏、回鹘、西夏和八思巴字蒙古文等 6 体文字镌刻的陀罗尼和用梵文以外其余 5 种文字镌刻的《建塔功德记》。这些功德记虽然主题一致,但写作形式不一,有韵文、散文,基本内容也差异很大。

居庸关题刻中的回鹘文内容就文字本身而言可分为大、小两种,大字用以刻写陀罗尼,小字则用以刻写押头韵的韵文体作品《建塔功德记》。居庸关云台内留存的回鹘文字,自 19 世纪末被发现以来即一直引起国际突厥—回鹘语学界的关注,很多相关学者曾对其做过研究。还有学者专门对某一个回鹘词进行细致的考证,比如"uday"一词,认为该词指代的当为文殊菩萨道场五台山。敦煌吐鲁番出土的回鹘文文献也实证了文殊信仰曾在回鹘中流行。

庙宇

居庸关城内外历史上曾建玉皇庙、旗纛庙、火神庙、三官庙等数十座庙宇,20 世纪 90 年代居庸关进行修复后,仅重建关城内外的庙宇共计 7 座。

城隍庙(1997 年修葺) 建在关城内西

居庸关城隍庙　孙剑绘

南隅,建于明代洪武年间(1368—1398年)。清乾隆三十年(1765年)重修。建筑面积538平方米,是目前居庸关最大的庙宇。庙内主神为城隍,是守护城池的神。

真武庙(1997年修葺) 建在北瓮城内,明代洪熙元年(1425年)修建。建筑面积228.4平方米。庙内供奉的真武大帝,传说徐达北征,屡受真武灵相助。

马神庙(1997年修葺) 位于居庸关南关外西山脚下,明代弘治十七年(1504年)建,清代乾隆五十七年(1792年)重修,后毁坏,1997年重新修建。建筑面积197.8平方米。庙内供奉马神。在古代,居庸关常年驻军,战马一般有近千匹。修建马神庙可能就是为祈求战马健康,更有战斗力。

关王庙(1997年修葺) 建在南瓮城内,建于明代正统年间(1436—1442年)。建筑面积77.5平方米。

关帝庙(1997年修葺)《西关志》中也称为关王庙,建在北门附近的西山坡上,明正德年间(1506—1521年)由正德皇帝敕建而成。建筑面积172.7平方米。

关王庙、关帝庙两座庙宇都是供奉着三国名将关羽。

吕祖庙(1996年修葺) 位于居庸关翠屏山上,坐东朝西,面对悬崖峭壁,始建年代不详,现存在的建筑为1994年修复。建筑面积31.7平方米,规模较小,仅为一间,庙内供奉深得百姓喜爱的吕洞宾,身边为桃树精和柳树精。吕祖庙前有一口泛着铜绿色的大钟,钟上面饰有花纹,中间有"居庸关吕祖庙"等字样,往下是八卦图案和回新纹。

表忠祠 位于居庸关关城内西南侧。建于明弘治年间(1488—1505年)。建筑面积159平方米。表忠祠有正殿3间,左右配殿各3间,大门1座。表忠祠是为纪念明朝副都御史罗通而建。正统十四年(1449年),罗通奉命镇守居庸关。同年十月蒙古族瓦剌部3万余人攻围居庸关,罗通身先士卒亲冒矢石据城固守,最终打败瓦剌,保住居庸关。因抗战有功,被晋为右都御史加太子太保,并得到皇帝的敕奖,明政府为纪念他,修建了表忠祠。

以上7座祠庙都是20世纪90年代的居庸关修复工程一期修复的,但是,在明代年间,居庸关的祠庙远远不止于此。

据《西关志》载,居庸关内祠庙共有66座。

居庸关城内祠庙7座 真武庙,在关北月城内,洪熙年建。旗纛庙,在关城东北隅,洪武五年(1372年)建。关王庙2座,一在城内西山之半,一在南月城内,各创立年岁不等,唯城内这座有敕建赐额。晏公庙,在关城内,洪武中建。城隍庙,在关城内西南隅,洪武中建。表忠祠,在关内西南隅,为表罗公保障本关而设,春秋祀典见忠义传。

居庸关城外祠庙26座 关王庙,在居庸驿之上。马神庙,在关南门外,弘治十七年(1504年)建。玉皇庙,在关北教场西,正德间太监李嵩立。火神庙,在关北教场东,正德五年(1510年)改设。真武庙,在南口门。三官庙,在城南门外东街巷内,乡人建。龙王庙2所,一在关外东巷内,一在关南西里巷内。东狱庙,在关城南,永乐初建,有莆阳余稷典撰碑以记其事。白马山神庙,在关南五里东山之麓,金承安年建。泰山行宫,在关南口门。刘

谏议祠，在关城东南 30 里德胜口之前，昌平旧县之左，公事唐直言对策封谏议，邑人贤之，故立祠，元黄缙有诗，见后。泰安寺，元至正五年（1345 年）建，有四明冯益撰碑以记其事。佛岩寺，在关城西北 25 里，兴废无考，惟寺中石佛一尊，刻"开泰四年"字迹，上有石洞，刻"明昌元年"字迹，壁间又书"大德十一年造"字迹，约之创自辽金时也，其为古刹信矣。奉福寺，在关西南 8 里汤峪川，金承安年创立，元至正初敕建奉福禅林，有莆阳余稷典撰碑以记其事。普云寺，在关城西南 6 里汤峪川，辽天庆间创立。玉峰寺，在关城北 8 里，元时延祐间创立，山下碑刻隶书"玉峰寺"三大字。石佛寺，在关北 15 里，因石岩以凿大悲像，永乐年间建。兴善寺，在关北 60 里旧榆林堡外，元不花帖木儿司卿立，有断碑可识。和平寺，在关西南 23 里，成化戊子本关太监崔保立，有辽阳张昇撰碑以记其事。玉泉寺，在关北 40 里，□水峪内。普门寺，在关南 25 里，本关太监李嵩立。普庆寺，在关南 5 里，乡人立。望京寺，在关北 25 里，弘治间遗址尚存，后修八达岭尽废。宝林寺，在关北 60 里，景泰年间乡人立。无梁殿寺，在关北 10 里，即山岩下凿石为佛像，覆椽瓦于岩上为殿，因其无梁，名曰无梁殿寺。

此外，白羊口、长峪城等各级城池内也建有祠庙 33 座。白羊口 8 座：城隍庙、真武庙、三官庙、二郎庙、龙泉寺、龙王庙、关王庙、承恩寺。长峪城 4 座：城隍庙、关王庙、玄帝庙、娘娘庙。横领口 3 座：真武庙、龙王庙、山神庙。镇边城 11 座：旗纛庙、城隍庙、真武庙、关王庙、龙王庙、山神庙、圣母庙、德胜寺、白瀑寺、上方寺、朝阳庵。东路灰岭口1座：龙王庙。德胜口2座：关王庙、真阳观。锥石口1座：龙王庙。撞道口1座：真武庙。西水峪口1座：莲花寺。虎峪口1座：鹤儿涧庵。

居庸关修复一期工程除了庙宇之外，还修葺以下建筑：神机库、户曹行署、永丰仓、丰裕仓、圆仓、叠翠书馆。

书院建筑

明王士翘《西关志》载，在居庸关建有儒学、文社学、武社学、叠翠书馆各一所，社学"每所请卫学生员一人训蒙，月各给银有差"。如今，居庸关内的学校、书馆经历岁月洗礼，多数现已无存，只修复了叠翠书馆以及儒学"泮宫"棂星门。

叠翠书馆

《西关志》居庸卷"十艺"文条录嘉靖十九年（1540年）任巡按西关御史泰和萧祥曤所撰《叠翠书院记》碑曰："居庸旧有泰安寺，岁久圮坏弗葺，时余姚贡士孙汝贤字允功，命诸生司业其中，予视事，暇往课之，见无以蔽风雨，命分守张镐即僧室之空者稍加芹理，凡十六间，中为聚乐堂以为朝夕会讲之所，余则师生分布以居。"此叠翠书馆，有房16间，中间辟为聚乐堂，作为朝夕会讲之所，北配殿藏书54部，供学生诵览；南配殿则提供给师生作为住宿，以廊子连接。可见叠翠书馆既是藏书之所，又是供守关将士子弟读书的地方。据《西关志》居庸卷三"学校"条载："叠翠书馆一所，在泰安寺后，嘉靖二十年（1541年）御史萧祥曜改立，有碑记，见存。"

棂星门

棂星门是隆庆卫儒学的石牌坊。它坐西朝东，为四柱三门，门前高5米多，整体由汉白玉雕刻而成。中门石柱云板上勒出清晰的圆形，左圆雕"日"，右圆刻"月"，寓意儒学与日月同在。3块门梁上各雕火焰宝珠。中门梁匾额上有"泮宫"二字。

据记载，儒学明初建在居庸关南门外西山之麓，规模狭隘，正统间毁于兵火，于天顺七年（1463年）重修，规模亦增大，庙学结合。庙即文庙，主要建筑有正殿5间、两庑各5间、戟门3间、棂星门1座，匾曰"泮宫"。学部分主要建筑有明伦堂5间，博文斋5间、约礼斋5间，在儒学建筑群中同时还建有教官的私

泮宫

宅东西2所、二门3间，大门1座，敬一箴亭1座。文社学、武社学分列儒学的左右。文社学，在儒学左，嘉靖七年（1528年）巡关衙门建立。正堂3间，左右书馆各3间，大门1空。武社学，在儒学右，嘉靖十年（1531年）巡关衙门建立；正堂3间，左右书馆各3间，后房3间，前大门3间。

官署建筑

在居庸关修复一期工程的调查中发现公廨衙署中，除户曹行署外，其他如南察院、北察院、隆庆卫衙门、把总衙门、分守衙门等大部分压在居庸村下面。因此在修复中，仅修复了户曹行署。

户曹行署是明朝户部常设居庸关的衙署，是后勤重要衙署，正德十年（1515年）重修，明亡后署废。规模宏大，殿堂雄伟。其规制，中为厅，前为重门，后为寝室，左右为"文移""吏胥"朝房。宫门建在白色玉石栏杆之上。走过垂花门后是该衙门主要大厅。

明时，居庸关城内公廨众多，曾设有北察院1所、南察院1所、分守衙门1所、把总衙门1所、监督粮储分司1所、左右卫衙门、隆庆卫衙门1所、大监廨宇、经历司、镇抚司、官库、经历公廨1所、儒学1所、社学2所、杂造局1所、监房1所，旌善亭1所，申明亭1所。修建年代不等。

仓储建筑

关城内的仓储建筑有储备银两的银库，储备兵器的神机库，储备粮草的仓场及草场。这些建筑为驻军提供充足的后勤供给。

神机库

修复后的居庸关库房仅有神机库 1 所。神机库建在北关券城内，正统十四年（1449 年）建立。因为神枪、神铳等武器装备悉数尽贮存于库内，故名曰神机库。其他军器也俱在神机库内收储。

居庸关城外，还设有白羊口神机库 1 所，凡 9 间。长峪城军器无库，在城楼收贮。横岭口军器无库，在察院寄放。镇边城神机库 3 间，在城内西山坡上。

银库

明代的居庸关城内还建有银库 1 座。凡 5 间，在永丰仓内。然有仓而又有银库者，盖粮为本色，取便于军也；银为折色，取便于民也。其立法之意，盖如此。银库内库藏 3 间：在卫衙门内。所有的上司及本卫赃罚、徒工、均徭、票银、诸色折纳物料等，均供于此居庸关银库收储，并且委任千户一员掌管。

仓场

修复后的居庸关仓储有永丰仓、丰裕仓、圆仓等，位于表忠祠旁，都是明代囤积军用粮草的场所。

据《西关志》载，居庸关防区内当时共有仓场 9 所。居庸关仓场 3 所：在关城内之西金柜山之麓，南环城垣，北枕关王庙，其东府临泰安寺。洪武年间设立隆庆卫,永乐元年(1403年)添设左右,凡三卫,隆庆卫则永丰仓,左卫则丰裕仓,右卫则广积仓。宣德四年(1429年),左右二卫调去永宁、怀来,其丰裕、广积二仓犹在关中,弘治十年(1497年)并为一处,凡13座。预备仓场1所,在永丰仓南。白羊口仓场1所,在城内南山坡。长峪城仓场1所,在城内东山坡。横岭口仓场1所,在城内东北山坡。镇边城仓场1所,在城内东山坡。榆河驿仓场1所,在本驿南路东冈下。

草场

居庸关还有草场5座,分别为:居庸草场,在关城南门外偏左,永安河东,即旧教场地,周遭俱有墙垣;白羊口草场,在本城东门外山坡;长峪城草场,在本关南门外西山坡;横岭口草场,在本城内东南山坡;镇边城草场,在本城内西山坡。

礼制建筑

明代建有牌坊13座,分别为迎恩坊、长宁坊、永安坊、澄清坊、掇英坊、聚奎坊、登科坊、国计坊、三关伟绩坊、驱胡万里坊、烈女坊、节义坊、将台坊。已修复的为迎恩坊和国计坊。

迎恩坊

迎恩坊是关门之外不远的一座牌坊,为四柱三楼建筑形式,门额上写着"迎恩坊"3个金色大字。之所以取名迎恩坊,是因为守关将士每次作战胜利上报朝廷后,皇帝都会派遣使者,带着奖赏的圣旨和金钱酒肉到关城慰问将士,以示奖励,守关大将要在此地摆香案供桌迎接圣旨和圣旨官。

国计坊

从南关城向云台而去的第一座牌坊,取名"国计",寓意为国人大计所在。古时建此牌坊,意在警示居庸关是北拒强敌、南卫都城的关口,是国事军务的重中之重,百年大计所在。国计坊的建筑规格与迎恩坊相同,但出于对国家社稷的尊重和推崇,其建筑更为精美复杂,而且4根柱子各有一个雕刻精美的须弥座。

自然景观

翠屏湖

位于居庸关南水门。该湖利用两山夹峙地形,在水门南侧建一滚水坝,将关内河水拦截,形成一片碧水。翠屏湖于1997年7月建设,同年9月完工。蓄水量5万立方米。

居庸八景

居庸关人文和自然景观众多,"居庸八景"一说在明朝中期就形成了,据嘉靖年间的《居庸关重建真武庙碑记》记载:"关中之景尚多,而拔萃命名有八……景名于天下。"而明《西关志》则记载了居庸关八景成因的概括说明,它们分别是:

玉关天堑 在延庆城南30里处,即八达岭。"本关重岗峻岭,横亘西北,国初,因山修筑城池,以扼其冲,势若天堑。"

石阁云台 即居庸关云台,1961年,石阁云台被国务院列

为全国首批重点文物保护单位。石阁云台取其"远望如在云端"之意，为布施佛教影响，颂扬皇室的建塔功德。"本关通，叠石为台，创自元时。其上四围栏杆旋起，工巧壮丽，口口巍然，势耸霄汉。"

叠翠联峰 此景位于居庸关南10里的叠翠山上，"居庸叠翠"为金章宗钦定的"燕京八景"之一。此山一层山岩，一层松柏，苍松翠柏，层层相叠。乾隆帝于乾隆十六年（1751年）赋诗："断戍颓垣动接连，当时徒说固防边。洗兵玉垒曾无藉，守德金城信不穿。泉出石鸣常带冷，口含峰暖欲生烟。鸣鞭阿那羊肠道，可较前兹获有田。"并在此御笔亲题"居庸叠翠"4字，立碑于居庸关东南的大道旁。

双泉合璧 "本关城东，岩下，有双泉涌出，势若燕尾，顺下萦纡，既散复合。"明朝诗人雷宗曾为"双泉合璧"赋诗。

汤泉瑞霭 "本关城西汤峪川，有水一区，溶溶不竭，暖气薰蒸，冬夏如一。"关于这一温泉景观，李宗枢赋诗为"灵岫盘幽涧，仙源衍巨泓。气蒸银汉碧，光射玉峰清。"

琴峡清音 在居庸关城北15里，延庆城南40里处，五龟山下有弹琴峡。峡处两山之间，清流从北淌入峡中，遇山折而向东约20米，又折向南流出峡外，峡内四壁高山，下有深潭，遇雨连绵，山崖水滴石罅，声若调琴。

驼山香雾 "本关城南十二里，有山，高下起伏俨若驼形，云雾突起，气味馥郁，故名。"层层山峦气势崔巍，奇峰突兀，12座驼峰依次排开。

虎峪晴岚 "本关东南二十五里有山，势若虎踞，远映晴辉，习习谷风时出其下。"虎峪,位于关沟南端东侧,是一条山高林密的山谷,泉水潺潺。谷口便是史书载元帝行宫所在地龙虎台。

居庸关轶事

北魏伐后燕之战

北魏道武帝拓跋珪皇始元年(396年)伐后燕慕容宝,时间从八月至三年(398年)正月,北魏主拓跋珪在统一北方战争中,率领大军南下,大败后燕的战争。据记载:"别遣将国封真等,从东道出军都,袭燕幽州。"北魏主遣左将军李栗率5万骑兵为前驱,遣将国封真等从东道出军都关,即今居庸关,袭击幽州,即今北京市。历时一年五个月,终于彻底击败后燕,使北魏成为北方最强的国。

成吉思汗夜走黑松林

1213年初秋,成吉思汗挥师南征,率领10万大军进驻乌沙堡。他一声令下,骑兵纵队如离弦之箭,势如破竹,长驱直入八达岭。

正当先头骑队即将抵达关岭时,马队被地面上铺满的铁针刺得人仰马翻,成吉思汗冷笑一声,一面吩咐救治伤员和马匹,一面令后队上前清理道路,将铁针扫下山涧,且扫且行,很快逼近重镇之所居庸关。

居庸关两侧高山夹峙,垒石筑城,雉堞临空,扼守要道,固若金汤。成吉思汗三番五次发动强攻,均无成效。一连数日,大军困在关北山谷,攻城不下,进退两难,眼看粮草已无,难以再支撑下去。这时扎八几献计说:"几日探查,寻得小路一条,两旁松林茂密,只容单骑行走,由此迂回穿插,一夜之间,可绕到居庸关背后。"成吉思汗听罢,喜出望外,依计而行。傍晚,一面指使军队轮番佯攻居庸关,一面由成吉思汗率领轻骑,直奔黑松林而去。黎明时分,居庸关背面的南口城下,杀声骤起。成吉思汗骑队如神兵天降,以迅雷不及掩耳之势,大破城池。接着,成吉思汗北取居庸,南占中都,今北京,终成大业。

(来源:北京八达岭特区办事处,《八达岭长城》)

明成祖五次北征出居庸关

燕王朱棣年号永乐,历史上称明成祖。永乐八年(1410年)到永乐二十二年(1424年),明成祖曾五次北征。每次北征,他都是率领浩浩荡荡的大军出居庸关,过八达岭。

明成祖第一次北征,是在永乐八年二月(1410年)。第一天驻南口东的龙虎台,从这里往北便是居庸关。第二天,大军顺利通过居庸关,越过八达岭,在今岔道城扎下大营。六月,明成祖带领大军仍过八达岭、居庸关，得胜还朝。

第二次北征为永乐十二年（1414年）正月二十六，发山东、陕西、河南及凤阳、淮安、徐州、邳州民众15万，为大军运送粮草。居庸关、八达岭这条通往塞外的交通要道上，运粮草大车、驴驮一连数日，昼夜不断。准备好充足的粮草，当年夏，明成祖亲率50万大军，仍是出居庸关，过八达岭，开赴塞北，一直追到土剌河（今蒙古国乌兰巴托）蒙军将领逃走。明成祖下令班师。

第三次北征鞑靼为永乐二十年（1422年）二月十八日，明成祖命英国公张辅，隆平侯张信，兵部尚书李庆督运北征军饷，大兵未动，粮草先行，仍走的是居庸关、八达岭，粮草分别储在塞北各地。当年三月二十日，明军大队人马出发，蒙军首领阿鲁台仓皇北逃，他始终避免与明军交战。到七月底，明军只好班师。

第四次明成祖又亲征阿鲁台，永乐二十一年（1423年）七月二十九日驻跸宣府。得到情报说阿鲁台被瓦剌打败，部众溃散，于是，当年十一月班师，在居庸关南口东的龙虎台大宴文武群臣。

第五次北征为永乐二十二年（1424年）正月初七，这次阿鲁台兵犯大同、开平，调集了山西、山东、河南、陕西、辽东五都司和西宁、巩昌、洮州等各卫兵，于三月汇集北京，四月初四至居庸关，六月时，前锋部队已追至答兰纳木儿河，仍不见敌人，此时军粮草料消耗殆尽，只得班师，明成祖也病死在途中。

（来源：《八达岭传说》， 孟广臣、宋国熹搜集整理）

居庸关史籍记载

战国末期的《吕氏春秋》，是在秦国丞相吕不韦主持下，集合门客集体编撰的一部政治理论散文的汇编。书中记载：

> 天有九野。地有九州，土有九山，山有九塞……何谓九塞？大汾、冥厄、荆阮、方城、殽、井陉、令疵、句注、居庸。

西汉时的《淮南子》，作者是淮南王刘安及其门客李尚、苏飞、伍被、左吴、田由等8人，是仿《吕氏春秋》集体撰写的一部著作。书中记载：

> ①天地之间，九州八极，土有九山，山有九塞……何谓九塞？曰太汾、渑厄、荆阮、方城、殽阪、井陉、令疵、句注、居庸。
>
> ②居庸在上谷沮阳之东，通浑都关是也。

东汉时的《汉书·地理志》，作者班固，记载了上自西汉汉高祖元年（前206年），下至地皇四年（23年）共230年历史。书中记载：

> 上谷郡，秦置。……县十五……军都，温余水东至路，南入沽。居庸，有关。

三国魏时的学者苏林，为《汉书·地理志》注，言：

"居庸有关，而军都则无，盖北魏时曾分置两关耳。"

西晋时的《续汉书》，作者是司马彪，南朝梁时的刘昭将其与范晔所著合并，统称为《后汉书》。书中记载：

  尚书卢植隐上谷军都山是也。其水南流出关，谓之下口，水流潜伏十许里也。

西晋时的《三国志》，作者陈寿，从魏文帝黄初元年（220年）到晋武帝太康元年（280年）60年的历史。书中记载：

  [汉献帝初平四年（193年）]，"虞惧瓒为变，遂举兵袭瓒。虞为瓒所败，出奔居庸。瓒攻拔居庸……虞众大溃，奔居庸城"。

南朝宋时的《后汉书》，作者范晔，是记录东汉历史的史书。书中记载：

  ①王莽败，更始立，使使者徇郡国，曰"先降者复爵位"。恂从耿况迎使者于界上。

  ②耿况迎之于居庸关。

  ③[建武十五年（39年）]二月，徙雁门、代郡、上谷三郡民，置常山关（倒马关）、居庸关以东。

  ④鲜卑寇居庸关，九月，云中太守成严击之，战殁。

南朝梁时的《宋书》，作者沈约，记事始于宋武帝永初元年（420年），下迄宋顺帝升明三年（479年），记载了南朝刘宋政权60年的史事，并经常溯及魏晋时期。文中记载：

  [晋惠帝元康四年（294年）]八月，上谷地震，水出，杀百余人。居庸地裂，广三十六丈，长八十四丈，水出，

大饥。

北魏时的《水经注》，作者郦道元，详细记载了1000多条大小河流及有关历史遗迹、人物掌故、神话传说等，是中国古代最全面、最系统的综合性地理著作。文中记载：

①关在沮阳城①东南六十里居庸界，故关名矣。更始使者入上谷，耿况迎之于居庸关，即是关也。其水导源关山，南流，历故关下。溪之东岸，有石室三层，其户牖扇扉，悉石也，盖故关之候台矣。南则绝谷，累石为关垣，崇墉峻壁，非轻功可举。山岫层深，侧道褊狭，林障邃险，路才容轨，晓禽暮兽，寒鸣相和，羁官游子，聆之者莫不伤思矣。其水历山南，径军都县界，又谓之军都关。

北齐时的《魏书》，作者魏收，记载了公元4世纪末至6世纪中叶的北魏王朝的历史。书中记载：

①俄而安州石离、冗城、斛盐三戍兵反，结洛周，有众二万余落，自松岍赴贼。谭勒别将崔仲哲等，截军都关以待之。仲哲战殁，洛周又自外应之，腹背受敌，谭遂大败。

②[北魏太平真君七年（446年）]六月……丙戌，发司、幽、定、冀四州十万人，筑畿上塞围。起上谷，西至于河，广袤皆千里。

---

①沮阳城：在今河北省怀来县东南。

唐代的《晋书》，房玄龄等 21 人合著，记载上起三国时期司马懿早年，下至东晋恭帝元熙二年（420 年）刘裕废晋帝自立，以宋代晋。书中记载：

① [东晋咸康六年（公元 340 年）] 于是率骑二万出蠮螉塞，长驱至于蓟城，进渡武遂津，入于高阳，所过焚烧积聚，掠徙幽、冀三万余户。

② 燕国汉置，孝昭改为广阳郡。统县十……昌平（县），军都有关。

③ 上谷郡秦置，郡在谷之上头，故因名焉。统县二……沮阳（县）、居庸（县）。

唐代的《北齐书》，作者李百药，记载上起北魏分裂前 10 年左右，接续北魏分裂、东魏立国、北齐取代东魏，下迄北齐亡国，前后 50 余年史实，而以记北齐历史为主。书中记载：

天统元年(565 年)……羡以北房屡犯边,须备不虞,自库堆戍东拒于海……二千余里,其间二百里凡有险要,或斩山筑城,或断谷起障,并置立戍逻五十余所。

唐代的《北史》，作者李大师、李延寿，是汇合并删节记载北朝历史的《魏书》《北齐书》《周书》而编成的纪传体史书。文中记载：

羡以房屡犯边，自库堆戍东拒于海，二千余里，其间凡有险要，或斩山筑城，或断谷起障，并置立戍逻五十余所。

唐代的《通典》，作者杜佑，记录上起黄虞时代，下迄唐玄宗天宝末年典章制度之沿革。书中记载：

> 古居庸关在昌平县西，齐改为纳款。

五代后晋时的《旧唐书》，官修，记载唐高祖武德元年（618年）至唐哀帝天祐四年（907年）的历史。书中记载：

> 则天时，侍御史桓彦范受诏于河北断塞居庸、岳岭、五回等路，以备突厥。

五代时的《陷虏记》，作者胡峤。后晋契丹诸部之长萧翰从中原北归时，胡峤为翰掌书记，随入契丹，后述其所见。书中记载：

> 自幽州西北入居庸关。明日，又西北入石门关。关路崖狭，一夫可以当百，此中国控扼契丹之险也。

北宋时的《太平广记》，作者是李昉等12人，取材于汉代至宋初的野史小说及释藏、道经等和以小说家为主的杂著，属于类书。书中记载：

> 军都山，又叫居庸山，在军都县西北十里。

北宋时的《太平寰宇记》，乐史编著，是北宋的地理总志，是继唐代《元和郡县志》后出现的又一部历史地理名著。书中记载：

> 军都山又名居庸山，在昌平县西北十里。盖古因山置关，南北相距数十里，在居庸界曰"居庸关"，在军都界曰"军都关"。分之则二，合之则一。故居庸关亦可曰"军都关"，居庸山亦可曰"军都山"也。

北宋时的《新唐书》，宋祁、欧阳修等撰，是记载唐朝历史的纪传体史书。文中记载：

①昌平……北十五里有军都陉；西北三十五里有纳款关，即居庸故关，亦谓之军都关。

②怀戎……东南五十里有居庸塞，东连卢龙、碣石，西属太行、常山，实天下之险；有铁门关。

③五台僧多奔幽州，张仲武封二刀付居庸关曰："有游僧入境则斩之。"

北宋时的《资治通鉴》，司马光主编，记载周威烈王二十三年（前403年）至五代的后周世宗显德六年（959年），计跨16个朝代，包括秦、汉、晋、隋唐、唐统一王朝和战国七雄、魏蜀吴三国、五胡十六国、南北朝、五代十国等共1362年的详细的历史。书中记载：

①［安帝元初五年（118年）］冬，十月，鲜卑寇上谷，攻居庸关，复发缘边诸郡黎阳营兵、积射士步骑二万人屯列冲要。

②［东晋永和六年（350年）］慕容霸将兵二万自东道出徒河，慕舆于自西道出蠮螉塞，儁自中道出卢龙塞，以伐赵。

③［东晋太元十年（385年）］遣慕容农出蠮螉塞，历凡城，趋龙城。

④［北魏孝昌元年（525年）］八月，魏柔玄镇民杜洛周聚众反于上谷，改元真王，攻没郡县……洛周围魏燕州刺史博陵崔秉，九月，丙辰，魏以幽州刺史常景兼尚书为行台，与幽州都督元谭讨之……自卢龙塞至军都

关,皆置兵守险,谭屯居庸关。

⑤[唐会昌元年(841年),张仲武讨幽州,遣军吏吴仲舒入京师奏状]李德裕又问:"万一不克,如何?"对曰:"幽州粮食皆在妫州及北边七镇,万一未能入,则据居庸关,绝其粮道,幽州自困矣!"

宋元之际的《通鉴注》,作者胡三省。《通鉴注》即《资治通鉴音注》,公认是对《资治通鉴》的注释最佳者。书中注言:

> 考之汉志,上谷郡有军都、居庸两县,盖各有关。凡此屯守,皆以防杜落周。水经注,居庸关在上谷沮阳城东南六十里,军都关在居庸山南。

元时的《析津志辑佚》,作者熊梦祥,是最早记述北京及北京地区历史的地方志书。书中记载:

> 居庸在直都城之北,中断而为关,南北三十里。

元代的《辽史》,作者是脱脱等人,记载上自辽太祖耶律阿保机,下至天祚帝耶律延禧的辽朝历史(907—1125年),兼及耶律大石所建立之西辽历史。书中记载:

> 圣宗统和初(983年),燕京留守司言:民艰食,请弛居庸关税。

元代的《文献通考·兵考》,作者马端临,是记载上古至宋宁宗嘉定末年历代典章制度的政书。书中记载:

> 于是北胡有变,则置度辽营(明帝时);南蛮或叛,则置象林兵(和帝时);羌犯王辅,则置长安、雍二尉(安帝时);鲜卑寇居庸,则置渔阳营(安帝时)……置屯多矣。

明代的《元史》，宋濂等人编著。书中记载：

　　居庸关古道四十有三里。

明代的《西关志》，是王士翘编纂的一部记述长城重要关塞的地方志书。书中记载：

　　居庸关，东至西水峪口与黄花镇界九十里；西至坚子峪口紫荆关界一百二十里；南至榆河驿宛平县界六十里，北至土木驿新保安州界一百二十里。

清代的《昌平山水记》，作者顾炎武，记述了旧时昌平州的山川河流、地名掌故、府衙建置、关防军备、人物春秋，是不可多得的内容翔实的史实资料。书中记载：

　　①（居庸关）其南北口之戍，则自元始。北口千户所属上都路龙庆州，南口千户所属大都路昌平县"。

　　②黄花镇城直天寿山之后，为长陵玄武，为京师北门，当居庸、古北二关之中，而北连四海冶，昔人所谓拥护山陵，势若肩背者也。

清代的《读史方舆纪要》，作者顾祖禹，是清代的历史、地理巨著。书中记载：

　　宋宣和四年（1122年），金人谋取燕京，辽人以劲兵守居庸。金兵至关，崖石自崩，戍卒多压死，遂溃，金人度关而南，入燕京。

清代的《纲鉴易知录》，吴乘权编辑的简明中国通史读本。书中记载：

　　夏口即下口，居庸关下口，即今北京市昌平区居庸关上。恒州治秀容城,在今山西忻定县西北。

清代的《日下旧闻考》,英廉等编,是迄今所见清代官修的规模最大、编辑时间最长、内容最丰富、考据最翔实的北京史志文献资料集。书中记载:

①汉志有军都居庸两县,盖县各有关。

②关隘之要有四:曰古北口,曰居庸关,曰喜峰口,曰松亭关。烽堠相望者一百九十六处。

③幽州之地沃野千里,北限大山重峦,中有五关,居庸可以通大车通转饷,松亭、金坡、古北口只通人马,不可行车。外有十八路尽兔径鸟道,只能通人,不可行马。

清末民初的《水经注疏》,作者是杨守敬及其弟子熊会贞。该书吸取历代《水经注》的研究成果,博采群籍,相互参证,对前人之失多做指正。书中记载:

《通鉴》胡《注》云:《汉志》有"军都"、"居庸"两县,各有关,然郦氏言居庸关在居庸界,余水南经军都县界又谓之"军都关"。《新唐志》以为军都关即居庸关。顾氏《昌平山水记》从之。而《寰宇记》亦云:军都山又名居庸山,在昌平县西北十里。盖古因山置关,南北相距数十里,在居庸界曰"居庸关",在军都界曰"军都关"。分之则二,合之则一。故居庸关亦可曰"军都关",居庸山亦可曰"军都山"也。

文人墨客　诗冠居庸

自居庸关建关以来，出现了大量描绘居庸关的诗词、碑刻、石刻等文字，其中古诗词170首左右，石碑、石刻文字约3万字。诗写居庸美景的既有帝王将相，也有文人墨客，分别从不同角度描绘居庸关景观、叙述史实、抒发感慨，让后人可以更全面地了解居庸关的自然和历史风貌。

使青夷军入居庸（三首）

[唐] 高适

（一）

匹马行将久，征途去转难。
不知边地别，只讶客衣单。
溪冷泉声苦，山空木叶干。
莫言关塞极，雨雪尚漫漫。

（二）

古镇青山口，寒风落日时。
岩峦鸟不过，冰雪马堪迟。
出塞应无策，还家赖有期。
东山足松桂，归去结茅茨。

（三）

登顿驱征骑，栖迟愧宝刀。
远行今若此，微禄果徒劳。
绝坂水连下，群峰云共高。
自堪成白首，何事一青袍。

出居庸

[金] 蔡珪

乱石妨车毂，深沙困马蹄。
天分斗南北，人向日东西。
侧脚柴荆短，平头土舍低。

山花三两树，笑杀武陵溪。

奉使过居庸关

[宋]　郑獬

铁山五十里，獟兽不能逾。
两壁如夹城，行人贯众鱼。
巨关隔元气，寒暑南北殊。
一夫扼其键，万马不能趋。
石氏窥三川，荒唐谁与谟。
不能仗大义，割地事匈奴。
封树未拱把，敌骑已长驱。
后嗣竟衔璧，白衣拜穹庐。
自此失天险，一柱折坤舆。
世宗有英气，手撼昆仑墟。
关南下六城，卧病归东都。
太祖得天下，僭窃即为诛。
右顾取蜀汉，左顾平荆吴。
欲藏百万缣，万里购头颅。
可用一赤组，坐使缚单于。
奇策秘九地，白日忽西徂。
壮士折其弓，痛哭望鼎湖。
先帝务养民，束帛不忍除。
岁时遗缯絮，天府藏丹书。

桑柘入燕山,牛羊卧平芜。
我行谬使节,踏冰出中涂。
路傍二三老,幅巾垂白须。
喜见汉衣冠,叩首或欷嘘。
不能自拔扫,百年落鬼区。
天数终有合,行上督亢图。
酹酒吊遗民,泪湿苍山隅。

出八达岭

[金]　刘迎

山险略已出,弥望尽荒坡。
风土日已殊,气象微沙陁。
我老倦行役,驱车此经过。
时节春已夏,土寒地无禾。
行路不肯留,奈此居人何。
作诗无佳语,以代劳者歌。

晚到八达岭下,达旦乃上

[金]　刘迎

车马两山间,上下数百里。
萦纡来不断,奕奕似流水。
鲸形曲腰脊,虵势长首尾。
我车从其间,摇兀如病齿。

推前挽复后,进寸退还咫。
息心固安分,尚气或被指。
徐趋自循辙,躁进应覆轨。
行行非我令,桄亦岂吾使。
倦仆困号呼,疲牛苦鞭棰。
统如五更鼓,相庆得戾止。
归来幸无恙,喘汗正如洗。
何以慰此劳,邺醅正浮蚁。

南口作

[金] 刘迎

危峰张屏帏,峻壁开户牖。
崩腾来阵马,翔舞下灵鹫。
秀色纷后前,晴岚迷左右。
重阴忽障翳,虚籁竞呼吼。
深迂爱风日,高亢扪星斗。
帝居望北阙,村落当南口。
军都汉时县,遗迹奄存否。
中郎读书处,遗构想摧朽。
谁云用武地,经训乃渊薮。
我家胶东湄,朴学叹白首。
居邻通德里,况此见师友。
惭无书带草,采采为盈手。

何以醉先生？清溪绿如酒。

过居庸

[南宋] 宇文虚中

峭壁从天折，悬流赴壑清。
路向穿石细，崖裂与藤争。
花已从南发，人今又北行。
节旄都落尽，奔走愧平生。

出居庸关

[南宋] 汪元量

平生爱读书，反被读书误。
今辰出长城，未知死何处。
下马古战场，荆榛莽回互。
群狐正纵横，野枭号古树。
黑云满天飞，白日翳复吐。
移时风扬沙，人马俱失路。
踌躇默吞声，聊歌远游赋。

过居庸关

[元] 刘秉忠

车箱来往若流泉，绝壁巉岩倚翠烟。
限破中州四十里，凿开大路几千年。

函关不谓平如地,蜀道无知险似天。
万里挥鞭犹咫尺,谁能掌上保幽燕?

盘车图

[元] 王冕

忆昔常过居庸关,关中流水声潺潺。
雪花飞寒大如席,白色粲烂西南山。
山家野店隐烟雾,水榭云楼有幽趣。
汉家封侯已消磨,秦时长城作行路。
天险不设南北通,风俗一混归鸿蒙。
今人不解古时事,使我感慨心忡忡。
滦水城头无苜蓿,马驴尽食江南粟。
八月九月朔风高,更有饥鹰啄人肉。
太平时节无烽尘,金舆玉辇从时巡。
关南关北草色新,四海贡赋来相亲。
大车连属小车侣,雪地冰天无险阻。
玉帛谷粟取不穷,诛求那信人民苦。
书生潦倒家无储,凄凉忽见盘车图。
侧身怅望长嗟吁,天子亦念东南隅。

居庸行

[元] 揭傒斯

昔望居庸南,今出居庸北。

岩峦争吞吐，风水清且激。

　　逶迤数千里，曲折殊未息。

关门两向当天开，马如流水车如雷。

荒鸡一鸣关吏起，列宿惨淡云徘徊。

山盘盘，石围围，山如龙，石如虎。

龙怒欲腾虎欲舞，太行剑戟犹如许。

　　昔不容单车，今马列十五。

圣人有道关门开，关门开，千万古。

过居庸关（二首）

[元] 周伯琦

（一）

崇关天险控幽燕，万叠青山百道泉。

绝壁云霞龛佛像，连廛鸡黍聚人烟。

炎凉顷刻成殊候，华夏于今共一天。

我欲登临穷胜慨，西风五月倍凄然。

（二）

关南关北四十里，玉垒珠闳限两京。

列队龙旂明辇路，重屯虎卫肃天兵。

桑麻旆旆村无警，榆柳青青塞有程。

却笑燕然空勒石，万方今日尽升平。

入居庸关作

[元] 周伯琦

出关复入关,五见月上弦。草木虽未霜,寒风已凄然。
崖路何纡萦,叠嶂横中天。上有太古石,下有无底泉。
幽致良足嘉,万雷奈喧阗。驯象宝辔鸣,紫驼锦蒙鲜。
铁骑簇云队,黄屋循星躔。时巡谘风俗,执法恭后先。
达官国同体,拔舍如升仙。细民终岁劳,输转日忧煎。
苦乐殊云泥,使我中心悁。偶经岩谷胜,复忆江湖壖。
凭高望白云,楚天浩无边。王师未休息,敢赋归来篇。

居庸叠翠

[元] 陈孚

断崖万仞如削铁,鸟飞不渡苔石裂。
嵯岈枯木无碧柯,六月不阴飘急雪。
寒沙茫茫出关道,骆驼夜吼黄云老。
征鸿一声起长空,风吹草低山月小。

居庸关

[元] 陈孚

车棱棱,石确确。
车声彭彭斗石角,马蹄蹴石石欲落。
不知何年鬼斧凿,仅与青天通一握。
上有藤束万仞之崖,下有泉喷千丈之壑。

太行羊肠蜀剑阁，身热头痛悬度索。
一夫当关万夫却，未必有此奇巉巉。
吾皇神圣混池络，烽火不红停夜柝。
但有地险今犹昨，我扶瘦筇立倦脚。
欲叩往事云漠漠，平沙风起鸣冻雀。

居庸关

　　[元]　贡奎

居庸关高五十里，壁立两崖雄对峙。
回峰作势遮欲断，百曲盘旋如磨蚁。
阴风白昼吹飕飕，乱石当溪泉啮齿。
道狭才通车一辆，贯尾钩连行不止。
我从北来识此险，巫峡巉天差可拟。
但愿平生足游览，何用藏书岩穴里。
马鸣关度日未斜，黄鹄远趁征云起。
安得有酒令我歌，如城之愁今已矣。

度居庸关次继学韵

　　[元]　马祖常

飞鞚陟云巚，决眦尽图画。
天气吹高寒，山雨洒长夏。
防防白鸟去，寂寂松子下。
陆行石当头，水春泉绕舍。

高与蜀道齐，深乃盘谷亚。
笋舆约重来，羸马苦常跨。
朋从咏连叠，酬应给闲暇。
得见王子乔，吾将骖鹤驾。

龙虎台应制
[元] 马祖常

龙虎台高秋意多，翠华来日似鸾坡。
天将山海为城堑，人倚云霞作绮罗。
周穆故惭《黄竹赋》，汉高空奏《大风歌》。
西京巡省非行幸，要使苍生乐至和。

过居庸
[元] 李溥光

界限中原万里斜，金汤形势更堪夸。
地分南北风光异，天别阴阳节候差。
宇宙回开今古隘，乾坤大壮帝王家。
而今四海车书混，喜见年年度翠华。

再过居庸
[元] 李溥光

万叠苍崖列翠屏，昔游佳胜喜重经。
人家店舍遥相望，骁路轮蹄不暂停。

山色肯随时事改，溪声难唤世人醒。
烟霞未忍轻轻别，驻马徘徊憩便亭。

琴峡（二首）

[元] 李溥光

（一）

泉声泻出两峰间，泛羽流宫不暂闲。
疑是成连曾过此，水仙遗谱寄空山。
伯牙仙去子期死，流水高山思莫穷。
洗我从前筝笛耳，真声原不在丝桐。

（二）

三年两度此经过，酷爱泉声出涧阿。
沥沥宛如闻洛浦，琅琅浑似鼓云和。
水边同憩人何在，石上题诗字欲讹。
欲叩成连竟无处，缓驱瘦蹇下前坡。

琴峡

[元] 元明善

一山万里限中原，神凿居庸百二川。
峰势陡回愁障日，山形高出欲扪天。
风沙漠漠龙庭远，云物沉沉鸟道穿。
眼底兴亡谁解写？石琴秋水学冰弦。

游水峪

[元] 王恽

雨沐山容晓更鲜,峪深行入洞中天。
林间石碇传经钵,岭掩云封种玉田。
世味酸咸谁自信,人生声利古难全。
道人归洁宜谙此,抱石归来煮夜泉。
今秋北山迓回銮,偶得新诗记往还。
臣子要知吾分在,功名休问老天悭。
满轩光宠居庸道,两袖风烟水峪山。
同见同游又同乐,从容恰及一旬间。

九日迎銮北口和寅甫学士韵

[元] 王恽

翠华南下拂云霓,驻跸军都汉苑西。
龙虎台高惊峻绝,蓬瀛人老许扶携。
九天日月瞻光近,万国风烟入望低。
佳节迎銮得清赏,牛山初不羡东齐。

居庸怀古(木兰花慢)

[元] 王恽

壮巉岩铁峡,谁设险,劈苍岑。拥万里风烟,一拴横锁,形胜雄沉。阙忆当年叱驭走骎骎,半夜邮亭索酒,平明燕市长吟。

追思往事不堪寻，山色古犹今。甚三十年来，青云垂翅，素发胡簪。投闲却教应聘，笑委身从，事老难任。立遍西风残照，山光翠满疏林。

居庸关

[元] 黄溍

燕山东北趋，中断忽如凿。
万古争一门，天险不可薄。
圣人大无外，善闭非键钥。
车行仅方轨，关吏频击柝。
击柝动成市，廛井互联络。
幽禽白云聚，石碾清泉落。
地虽临要害，俗乃近淳朴。
政须纪桃源，不必铭剑阁。
仆夫踶谓我，无为久淹泊。
山川岂不好，但恐风雨恶。

居庸行

[元] 郝经

惊风吹沙暮天黄，死焰燎日横天狼。
巉巉铁穴六十里，塞口一喷来冰霜。
导骑局脊衔尾前，毡车辂辘半侧箱。
弹筝峡道水复冻，居庸关头是羊肠。

横拉恒岱西太行,倒卷渤海东扶桑。
幽都却在南口南,截断北陆万古疆。
当时金源帝中华,建瓴形势临八方。
谁知末年乱纪纲,不使崇庆如明昌。
阴山火起飞蛰龙,背负斗极开洪荒。
直将尺棰定天下,匹马到处皆吾疆。
百年一偾老虎走,室怒市色还猖狂。
遽令逆血洒玉殿,六宫饮泣无天王。
清夷门折黑风吼,贼臣一夜掣锁降。
北王淀里骨城山,官军城上不敢望。
更献监牧四十万,举国南渡尤仓皇。
中原无人不足取,高歌曳落归帝乡。
但留一旅时往来,不过数岁终灭亡。
潼关不守国无民,便作龟兹能久长。
汴梁无用筑子城,试看昌州三道墙。

居庸雪中诗

[元] 朱德润

山前龙虎构成台,山后神州斗极开。
雪意似怜天设险,高卑铺作白皑皑。

居庸关

[元] 袁桷

太行领群山，万马高下拜。
平峦转城隍，隐隐南北界。
危坡互交牙，寒溜泻泙湃。
阴风涌元虬，巨石忽崩坏。
周遭青松根，下有古木寨。
石皮散青铜，云是旧战铠。
天险不足凭，历劫有成败。
驱车上林杪，出日浴光怪。
肃肃空岩秋，天风迅行迈。

次韵王继学途中竹枝词

[元] 袁桷

居庸夹山僧屋多，凿石化作金弥陀。
但看行车度流水，不见举拂谈悬河。

雨中度南口诗

[元] 袁桷

山寒绝禽鸟，独闻子规啼。
石壁飞雨骤，众木摇凄凄。
瘦马蹴乱石，高下啮其蹄。
陟巇沮洳深，渐觉所历低。

暝色起亭午，土屋流寒泥。
须臾过雷声，倏忽生晴霓。
水清亦可度，戒仆踰前豁。

果啰洛纳延居庸关诗
[元] 袁桷

叠嶂绿青冥，峭绝两崖束。
盘盘龙虎踞，岑崛互回伏。
重关设天险，王气奠坤轴。
皇灵广覆被，四海同轨躅。
至今豪侠人，危眺屡惊踧。
崎岖栈阁峻，萦纡冈涧曲。
环村列墟市，凿翠构庐屋。
溪春激岩溜，山田杂稌菽。
绝顶得幽胜，人烟稍连属。
浮图压广路，台殿出层麓。
白云隐疏钟，落日带乔木。
岂须叹蜀道？政可夸函谷。
居人远念我，叩马苦留宿。
恐辜殷勤情，解鞍看山瀑。

居庸关诗

　　[元]　吴师道

神京望西北，连山郁崔嵬。
百里达关下，两崖忽中开。
林扉递掩映，磴道随萦回。
岂知古燕塞，祇似越与台。
夙闻弹琴峡，涧响逾清哀。
行行未及远，秋风涨黄埃。
翠华届榆林，丞相前驱来。
疾还惮迫险，顾瞻复徘徊。
惟天设限蔽，万古何雄哉。
抚迹思往代，键钥每自摧。
皇衢坦荡荡，来往无惊猜。
毡车正联络，怒辙奔春雷。
前趋见行殿，遥峙积雪堆。
腾凌万马驹，暮绕龙虎台。
愚生一何幸，获忝儒臣陪。
凭高未成赋，琐琐嗟微才。

至顺癸酉过居庸关诗

　　[元]　萨都拉

居庸关，关苍苍，关南暑多关北凉。
天门晓开虎豹卧，石鼓昼击云雷张。

关门铸铁半空倚,古来几度壮士死。
草根白骨弃不收,冷雨阴风泣山鬼。
道旁老翁八十余,短衣白发扶犁锄。
路人立马问前事,犹能历历言丘墟。
夜来锄豆得戈铁,雨蚀风吹失颜色。
铁腥惟带土花青,犹是将军战时血。
前年人复铁作门,貔貅万灶如云屯。
生者有功挂玉印,死者谁复招孤魂?
居庸关,何峥嵘!
上天何不呼六丁,驱之海外休甲兵,
男耕女织天下平,千古万古无战争。

度居庸关作

[元] 柳贯

居庸朔方塞,始入两崖张。
行行转石角,细路萦涧冈。
层壑倒天影,半林漏晨光。
崎嵚里四十,所历万羊肠。
千辕络前后,两轨通中央。
谷开稍夷旷,在险获康庄。
岂惟遂生聚?列防参雁行。
激流或机硙,架广亦僧坊。
我生山水窟,爱此不能忘。

是日新雨已，浮岚乱沾裳。
水声与石斗，风飘韵清商。
踽辔不知高，浮云翼超骧。
考牒曩有闻，经途今始详。
缅惟古塞北，八州犹汉疆。
控扼识形势，会同知乐康。
属兹景运开，六服连绥荒。
两京备巡幸，离宫岌相望。
守岳将考制，如祠匪求祥。
式瞻龙德中，足征王业昌。
请继王会图，勿赓祈招章。

居庸关·竹枝词

[元] 王士熙

居庸山前涧水多，白榆林下石坡陀。
后来才度枪杆岭，前车昨日到滦河。
官装腰袅锦障泥，百辆毡车一字齐。
夜宿岩前觅泉水，林中还有子规啼。

大驾度居庸关作

[元] 薛元卿

居庸雄据万重山，南北门分作汉关。
鼓角动时森虎卫，旌旗行处识龙颜。

禅宫路转风烟合，御苑春深草树闲。
待得长杨围猎罢，又随车骑此中还。

居庸关

[明] 释梵琦

天畔浮云云外峰，北游奇险见居庸。
力排剑戟三千士，门掩山河百二重。
渠答自今收战马，兜铃无复置边烽。
上都避暑频来往，鱼鸟犹能识衮龙。

居庸关见阻示同行

[明] 林章

怪得关前逐客频，匈奴早晚欲和亲。
无缟应不空还汉，有舌何须定说秦。
雨气千峰营幕晓，梨花三月塞门春。
凭君斗酒城头话，犹胜新丰店里人。

居庸关

[明] 谢榛

控海幽燕地，弯弓豪侠儿。
秋山牧马处，朔塞用兵时。
岭断云飞回，关长鸟度迟。
当朝有魏尚，复此驻旌旗。

居庸关

[明] 王英

千峰高处起层城,空里岩峣积翠明。

云静芙蓉开霁色,天晴鼓角散秋声。

北连紫塞烽烟断,南接金台驿路平。

此地由来称设险,万年形势壮神京。

望居庸词

[明] 胡俨

望京都兮穹窿,雄关峙兮居庸。

苍翠兮蒙茸,纷苒苒兮临风。

城巍巍兮两山,临玉塞兮高寒。

车辚辚兮结驷,风萧萧兮木叶殷。

淙悬岩兮珊珊,恍鸣琴兮清弹。

闻仙人兮昔降,遗玉枕兮不刊。

皇风畅兮八极,见堠火兮灭熄。歌四海兮宁一。

居庸关诗

[明] 孙绪

一径中开万岭横,居民无地问农耕。

霜倾落叶晚山绿,雨溜荒苔秋水清。

沙鸟远从天外度,寒蛩也向夜分鸣。

峰峦徙倚休回首,何处孤云是故城?

居庸关徐将军席上作

[明] 郑珞

关入居庸险，城临北斗悬。
龙琴调宴乐，虎帐集群贤。
爽气来山雨，秋声漱峡泉。
醉余望双阙，遥倚五云边。

出居庸关作

[明] 袁忠彻

居庸之关何壮哉！悬崖峭壁高崔嵬。
乃知造化钟神秀，翠削芙蓉天际开。
是时銮舆北巡狩，百万貔貅度关口。
旌旗翻风晓日寒，千官扈跸森前后。
此关自昔能摧车，十步九折羊肠纡。
登危历险足踯躅，以手抚膺长叹吁。
回首群峰列其下，怪石嶙岩如立马。
苍虬偃蹇老松盘，银汉砏砰飞瀑泻。
凛然霜气侵骨毛，五月坚冰犹未消。
星辰咫尺疑可摘，耳边灵籁闻嘈嘈。
漫传天设分南北，四海当今同辙迹。
草木均霑雨露恩，环护黄图永无极。

居庸感事

[明] 张宁

羽书昨夜报居庸，百万雄师下九重。

天子垂衣临大漠，群臣端笏扈元戎。

禁中已乏回天策，阃外谁成开地功。

千古澶渊扶日驭，令人常忆寇莱公。

居庸关

[明] 许天锡

天设居庸险，乾坤此北门。

山川通上谷，形胜冠中原。

铁马屯三戍，金城迫九关。

皇图资拱护，永荷太平恩。

居庸二首

[明] 边贡

（一）

塞口重关惬素闻，壁烟岚雨镇氤氲。

雄吞巨海山形断，秀压中原地脉分。

锁钥还思寇丞相，长城不用李将军。

倚窗时送东南目，双阙蓬莱五色云。

（二）

山云冉冉石垂垂，公暇焚香晚对宜。

窥牖乱峰青似戟，古城孤涧白于丝。
人家高下绿蹊见，风气寒暄入塞知。
凭语抱关休偃仰，云中日夜羽书驰。

居庸关

[明] 李梦阳

天设居庸百二关，祁连更隔万重山。
不知谁放呼延入，昨日杨河大战还。

居庸馆中作

[明] 熊卓

隘地关门拥，山楼鼓角传。
长风吹不歇，塞草自年年。

出居庸关作

[明] 熊卓

沙上望行人，日暮愁心绝。
江南四时春，边地五月雪。

登居庸上关诗

[明] 王讴

盘石仍高处，微茫鸟道分。
花齐春晕日，山远谷吞云。

草宿除犹蔓，莺迁去更闻。
不能离世事，直欲醉朝曛。

居庸关

[明] 李默

山堂石堑转嵯岈，铁障棱棱势欲叉。
细柳半屯三辅甲，材官尽出五侯家。
重城月闭边声黯，间道林归猎骑哗。
多少雄国总湮灭，战场空倚夕阳斜。

次陈刚中韵

[明] 周金

乱石悬崖色如铁，西风吹裳裳欲裂。
侧身北望涕沾襟，回首萧索鬓成雪。
驽骀伏枥何足道，李广冯唐一时老。
山寒木落不见人，惟有中庭月轮小。

望居庸关诗

[明] 王慎中

设险真夸六郡雄，天山九塞有居庸。
陉连白马悬边月，塞压黄花起朔风。
未有捷书传大内，尚闻猎火照云中。
北平飞将今谁是？已见东南杼轴空。

度居庸关诗

[明] 李宗枢

峻壁含云迥,飞湍接涧回。
虚闻三峡险,疑是五丁开。
荒树分天宇,惊沙暗戍台。
只惭持节使,不是弃繻来。

癸巳秋日出关

[明] 苏祐

北门天险设居庸,袅袅旌旗闪日红。
口转双泉犹望阙,岭盘八达已临戎。
霜清戍逼黄花近,云起山连紫阁通。
圣代车书真混一,寄言诸将谩论功。

居庸晚眺诗

[明] 刘侃

别馆岧峣一驻颜,天空木叶绕重关。
千峰岚气青霄上,九折泉声翠壁间。
瀚海旌旗无日罢,玉门车马几人还。
皇州咫尺浮云隔,明发峥嵘何处攀。

居庸关诗

［明］　徐渭

少年曾负请缨雄，转眼青袍万事空。
今日独余霜鬓在，一肩舆坐度居庸。

居庸关诗

［明］　公鼐

太行来万里，天险冷陉西。
银海围弓剑，金城列鼓鼙。
近关烟火盛，绝幕塞尘低。
想像犁庭日，忧时意转迷。

居庸关诗

［明］　冯琦

五年不出居庸道，今日重来感旧游。
紫气遥瞻龙虎地，青山近接凤凰楼。
平临星斗三千丈，下瞰燕云十六州。
但使此关长镇静，不烦仗策取封侯。

居庸关诗

［明］　陈子龙

险到居庸地脉分，何须长戍羽林军。
关门夜抱千峰月，陵墓春生五色云。

居庸关诗

[明] 皇甫汸

山城落日照居庸,抗岭回峦紫翠重。
十月边陲尘不起,万年陵寝雾常封。

出居庸关

[清] 朱彝尊

居庸关上子规啼,饮马流泉落日低。
雨雪自飞千嶂外,榆林只隔数峰西。

入居庸关

[清] 康熙

始和羽骑出重关,风动南熏整旆还。
凯奏捷书传朔塞,欢声喜气满人寰。
悬崖壁立垣墉固,古峡泉流昼夜间。
须识成城惟众志,称雄不独峙群山。

圣祖御制出居庸关诗

[清] 康熙

群峰倚天半,直北峙雄关。
古塞烟云合,清时壁垒闲。
军锋趋朔漠,马迹度重山。
渐向边城路,旌旗叠翠间。

经居庸关

[清] 乾隆

雁塞返龙旌,鱼关度鸟道。

芙蓉紫雾沉,睥睨清秋晓。

重岩虎豹狰,万壑琴筑绕。

寄踪俨壶中,回首惊云表。

栖崖眄堞垣,遂迹资探讨。

天意实难谌,地险安能保。

西出居庸关

[清] 陈璋

西出雄关路曲盘,风云重接旧征鞍。

山如屏合窥天小,水作虹流入耳寒。

万里女墙连雁塞,百年兵甲洗桑乾。

太平气象无中外,镇朔台高立马看。

参考书目

专（译）著：

[1] 薛志鹏，居庸关地理沿革考，北一师院，1929

[2] 王国良，中国长城沿革考，上海：商务印书馆，1931

[3] 张鸿翔辑，长城关堡录，中国地学会地学杂志，1936

[4] 龙文彬纂，明会要（全二册），北京：中华书局，1956

[5] 罗哲文，万里长城——居庸关、八达岭，北京：文物出版社，1957

[6] 曹云忠，中华名关，北京：解放军出版社，1988

[7] 艾冲，明代陕西四镇长城，西安：陕西师范大学出版社，1990

[8] 杨正泰著，明代驿站考，上海市：上海古籍出版社，1994

[9] 赵其昌，明实录北京史料 三，北京古籍出版社，1995

[10] 刘燕山，居庸关长城，北京：北京出版社，1998

[11] 范中义等著，中国军事通史 第 15 卷 明代军事史，北京：军事科学出版社，1998

[12] 乔雨，盛桂荣主编，燕塞雄关 八达岭长城，北京：中国大百科全书出版社，1999

[13] 北京市地方志编纂委员会编著，北京志·军事卷·军事志，北京：北京出版社，2002

[14] 张士尊著，明代辽东边疆研究，长春：吉林人民出版社，2002

[15] 谢忠志著，明代兵备道制度：以文驭武的国策与文人知兵的实练，明史研究丛刊 05，台湾宜兰：明史研究小组，2008

[16] 中国国家博物馆编，文物春秋战国史 彩色图文本，北京：中华书局，2009

历史典籍：

[17]〔北魏〕郦道元著；赵望秦等译注，水经注选译，成都：巴蜀书社，1990

[18]《汉书》卷 28

[19]《后汉书》卷 1，5，38，123

[20]《史记·齐太公世家》

[21]《元史》本纪第一

[22]《金史》李英传

[23]〔晋〕陈寿撰，〔宋〕裴松之注，《三国志》

[24]〔北宋〕宋祁、欧阳修等撰，《新唐书》

[25]〔宋〕《资治通鉴》卷50,98,106,108,246,

[26]〔元〕熊梦祥著,析津志辑佚,北京图书馆善本组辑,北京:北京古籍出版社,1983

[27]〔元〕马端临,文献通考·卷一百五十·兵二,北京:中华书局,1986

[28]〔元〕胡三省作《资治通鉴注》

[29]王圻,《续文献通考》卷14,122

[30]〔明〕蒋一葵,长安客话,北京古籍出版社,1980

[31]〔明〕丘浚著,大学衍义补·卷86,丘浚集 第三册,海口:海南出版社,2006

[32]〔明〕刘效祖撰,四镇三关志

[33]〔明〕杨时宁,宣大山西三镇图说

[34]〔明〕皇明九边考,卷1

[35]〔明〕冯惟敏著,冯惟敏全集,济南:齐鲁书社,2007

[36]〔明〕戚继光,戚少保奏议,卷4·覆科议减免入卫之兵,北京:中华书局,2001

[37]〔明〕张绍魁修纂,察哈尔省重修居庸关志,据明万历十四年抄本,收录于中国方志丛书·塞北地方·第三一号,台北:成文出版社,1968

[38]〔明〕何镗,修攘通考,万历六年何镗自刻本

[39]《明经世文编》卷7,33,59,275,304

[40]《明太祖实录》卷108,129

[41]《明太宗实录》卷2,63,70,160,169

[42]《明世宗实录》卷 271，347，395，397，415，495

[43]《明宣宗实录》卷 13，19，46，69，71

[44]《明英宗实录》卷 32，183，185，238，254，307

[45]《明孝宗实录》卷 186

[46]《明会典》卷 18，110，121，129，132，151，159，209，246

[47]〔清〕张廷玉等撰，《明史》卷 11，72，76，77，89，90，92，125，159，171

[48]〔清〕吴长元，宸垣识略·卷一·形胜，北京古籍出版社，1983

[49]〔清〕孙承泽，天府广记

[50]〔清〕于敏中编纂，日下旧闻考，北京：北京古籍出版社，1981

[51]〔清〕顾炎武，昌平山水记

[52]〔清〕顾祖禹，读史方舆纪要

[53]〔清〕嘉庆一统志

[54]〔清〕谷应泰原著，白话精评明史纪事本末 一，辽沈书社出版社，1994

[55]《清圣祖实录》卷 152

[56] 孙夏峰，畿辅人物考，卷 1

地方志书：

[57]〔清〕宣化府志，卷 14，清乾隆

[58]〔清〕吴履福、缪荃孙、刘治平纂修，昌平州志，清光

绪十二年（1886）

[59]〔清〕麻兆庆撰，昌平外志，清光绪十八年（1892）

[60]〔清〕屠秉懿、胡振书、张惇德纂修，延庆州志，清光绪

[61]〔清〕王养濂等纂修，宛平县志，挹芬楼，民国年间

[62]〔清〕吴景果，潘其灿纂修，怀柔县新志，民国二十四年

[63]卞干孙编辑，河北省宛平县事情，中华民国新民会中央指导部，民国二十八年（1939）

[64]郭述祖，山海关长城志，河北省地名办公室，1984

[65]于煤村、王崇玉编译，怀来县志译，上卷，河北省怀来县档案馆：1984

[66]昌平县地名志编辑委员会编著，北京市昌平县地名志，北京：北京出版社，1997

后 记

2012年,北京市昌平区正式启动了"昌平历史文脉梳理工程",而拙著《居庸关》一书也有幸成为20本列入文脉梳理工程书籍中的一本,即《北京昌平历史文化丛书——居庸关》,此书于2014年6月出版。时隔四年之后的2018年,同是北京出版集团出版的《京华通览》丛书,再次将《居庸关》列入丛书系列,让笔者倍感荣幸,非常感谢北京出版集团对于《居庸关》的认可。拙著《京华通览——居庸关》脱胎于我的博士论文,在其基础之上略施修订,并较之《北京昌平历史文化丛书》系列,又新增了居庸关古迹拾遗及历代描绘居庸关的诗词歌赋等内容。

时光转眼过去7年,回首论文写作历程,充实又煎熬,愉悦又痛苦,迷茫又清醒,总归是喜多于苦。一路上,幸亏有导师孜孜不倦地为我指点迷津。我的博士导师张玉坤先生,在我攻读博士的4年间,以他宽厚的胸怀,渊博的学识,睿智的思维,严谨的治学态度，使我受益匪浅，令人折服，感召巨大。在论文定题伊始到整个撰写全过程，每每遇到困难，前行困难之际，导师都会及时指正，使论文得以继续顺利进行，并不断完善。

　　拙著的诞生和当初博士论文的写作还离不开中国长城学会常务副会长董耀会先生的关心与鼓励。董会长是著名的长城专家，曾经徒步考察长城，他用广博而专业的长城知识，对我的论文提出了许多有益的意见和建议，并亲自带我们一起深入探访居庸关防区内的长城及各聚落隘口。谈起那次的居庸关探寻，还得追叙到2010年的7月份，那是我们首次跟众多长城专家、文物专家一起去探访居庸关的军事聚落。这比我们以往单打独斗调研居庸关的效率高太多，使我们的调研达到了事半功倍的效果。我们探访的聚落近40个，基本上能找到的我们都去，有南口城、白羊城、长峪城、镇边城、横岭城、高楼、踞虎关、大山口、大山口堡、样边、土木堡、小城峪口、鹞子峪、二道关、黄花城、撞道口、石湖峪、西水峪、黄花城村、黑山寨村、分水岭村、门家峪口、灰岭口、贤庄口、锥石口、胜仙峪、小水峪村、溜石港村、马刨泉燕长城、房梁村、沿河口、沿河城……还有一些隘口，也许我们现在还没落实它的名字，但寻到了这些遗存的古迹，对我们也是莫大的鼓舞。文中各军事聚落的详细调研资料和图片多是在此行中获得的，在此对专家们深表感谢。

　　感谢长城学会郑严老师——《万里长城》《中国长城博物馆》杂志社编辑部主任，近六旬的年龄有着二十多岁的心态，连日来多地的奔波也多是郑老师亲自驾车载着我们，并用镜头记录下了长城的魅力；感谢长城出版中心主任李纯，李主任的幽默风趣令我难忘；感谢北京市昌平区文化委员会杨广文副主任，杨主任作为我们此次调研的向导，他亲身参与了昌平区长城普查工作，有很多的第一手资料，另外他的办公室也有很多相关的书籍；还有昌平区博物馆邢军馆长，他们在百忙之中亲自带我们实地考察，并慷慨赠予我们宝贵的资料与书籍。感谢在调研期间对我们提供帮助的张家口市文物局常进忠局长，怀来文体局的唐玉虎局长、黄保景副局长，怀来博物馆李鼎元馆长等，带我们考察了怀来境内的样边长城以及各军事聚落。感谢石峡峪村梅景田同志以及调研中给我们提供帮助的那些说不上名来的居民。

2012年初到天津城建大学建筑学院，幸有同事们的无私关心与帮助，使我顺利完成从学生到老师的蜕变。感谢可以与这些热爱生活热爱工作的同事们一起拼搏，一起努力，一起成长。

撰文期间，对古籍文献的深入挖掘，使我有机会对悠久的历史尤其是明史重新学习和认识，也深深迷恋上这段历史；对那些遗留的长城及军事聚落的实地调研，更让我有机会切身体会传统聚落的魅力，但也亲眼目睹了这些聚落及关隘残败的现实状态。一种责任感督促我，迫使我竭尽所能地把一个尽量完整尽量真实的居庸关留在这十余万字里，把我对它的观察和思考呈现给关注它的人。但同时囿于有限的时间和自身理论根基尚浅，分析问题难免有疏漏之处，希望大家不吝赐教。

2018年10月